한자를 알면 어휘가 보인다

사자성어 200

한자(사자성어) 쓰기 연습 노트

편집부 지음

도서출판 큰그림

한자를 알면 어휘가 보인다 사자성어 200

초판 발행 · 2019년 8월 5일
초판 7쇄 발행 · 2024년 6월 25일

지은이 편집부
펴낸이 이강실
펴낸곳 도서출판 큰그림
등 록 제2018-000090호
주 소 서울시 마포구 양화로 133 서교타워 1703호
전 화 02-849-5069
팩 스 02-6004-5970
이메일 big_picture_41@naver.com

디자인 예다움 | **검토교정교열** 김선미
인쇄 및 제본 미래피앤피

가격 7,000원
ISBN 979-11-964590-5-5 43710

　요즘 중·고등생들의 단어 이해 능력은 과거의 학생들보다 매우 낮은 상태입니다. 단순히 국어 학습뿐만 아니라 모든 과목을 학습할 때 들어봤던 단어인데도 단어의 뜻이 정확하게 이해되지 않아 어려움을 겪었던 경험이 있을 거예요. 이런 학생들은 국어 단어 공부를 위해 한자 공부가 필수입니다.

　한자를 많이 아는 학생일수록 국어에 대한 이해도가 높습니다.

　한자를 많이 알면 글을 읽을 때 대략적인 뜻을 유추해서 파악하는 능력이 생기거든요.

　이 책 「한자를 알면 어휘가 보인다 - 사자성어 200」에서는 200개의 사자성어를 쓰면서 '한자' 하나하나의 '음'과 '뜻'을 외울 수 있게 편집했습니다. 이 책에서 다루는 200개의 사자성어는 수능에 자주 출제되면서 중·고등학교 교과서에도 많이 포함된 사자성어로 구성했습니다. 또한 사자성어를 아무렇게나 번호로 나열하지 않고 '사람의 마음 / 인생 / 좋고 나쁘고, 많고 적고 / 어리석음과 지혜로움 / 말과 행동 / 숫자, 속담, 위기 상황'별로 주어진 상황에 맞게 사자성어의 뜻을 분류하여 편집했습니다.

　13일 동안 30분씩 한자 어휘에 도전해 보세요. 시작할 때와 달리 어휘력이 크게 상승될 겁니다.

도서출판 큰그림 편집부

이 책을 보는 법

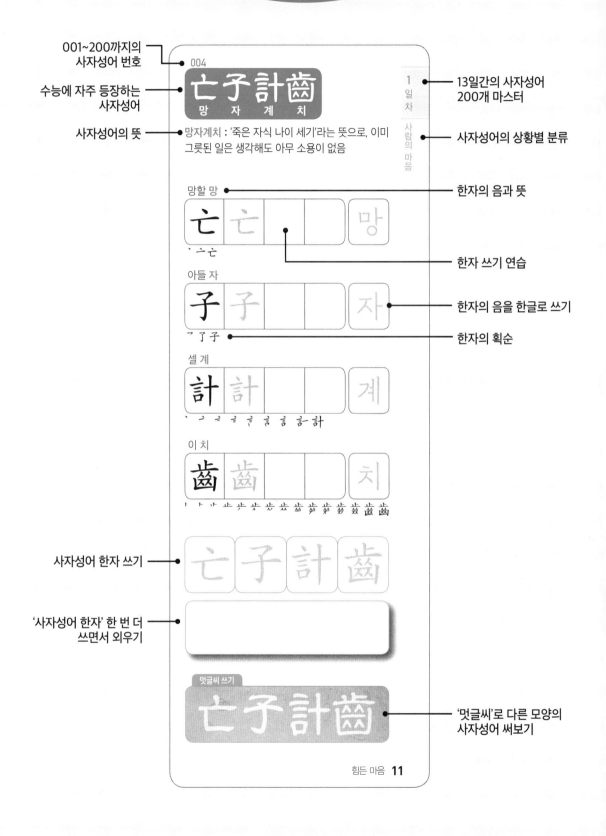

001~200까지의 사자성어 번호

수능에 자주 등장하는 사자성어

사자성어의 뜻

004

亡子計齒
망 자 계 치

13일간의 사자성어 200개 마스터

1 일차 사람의 마음

망자계치 : '죽은 자식 나이 세기'라는 뜻으로, 이미 그릇된 일은 생각해도 아무 소용이 없음

사자성어의 상황별 분류

망할 망

한자의 음과 뜻

亡 亡   망

한자 쓰기 연습

아들 자

子 子   자

한자의 음을 한글로 쓰기
한자의 획순

셀 계

計 計   계

이 치

齒 齒   치

사자성어 한자 쓰기

亡 子 計 齒

'사자성어 한자' 한 번 더 쓰면서 외우기

멋글씨 쓰기

亡子計齒

'멋글씨'로 다른 모양의 사자성어 써보기

001~200개의 사자성어
암기 스케줄

1일차	2일차	3일차	4일차
001 ~ 016	017 ~ 028	029 ~ 048	049 ~ 064
월 일	월 일	월 일	월 일

5일차	6일차	7일차	8일차
065 ~ 076	077 ~ 092	093 ~ 108	109 ~ 124
월 일	월 일	월 일	월 일

9일차	10일차	11일차	12일차
125 ~ 136	137 ~ 152	153 ~ 172	173 ~ 184
월 일	월 일	월 일	월 일

13일차
185 ~ 200
월   일

목차

사람의
마음

001

隔世之感
격 세 지 감

격세지감 : 오래되지 않은 동안에 몰라보게 변하여 아주 다른 세상이 된 것 같은 느낌

사이 뜰 격

隔 隔　　　　격

ˊ ﾞ ﾞ ﾞ ﾞ 阝 阝 阝 阝 阝 阝 隔 隔 隔 隔

세상 세

世 世　　　　세

一 十 卄 廿 世

갈 지 / ~의 지

之 之　　　　지

丶 ﾞ ﾞ 之

느낄 감

感 感　　　　감

丿 ﾞ ﾞ ﾞ 厈 后 咸 咸 咸 咸 感 感 感

隔世之感

멋글씨 쓰기

隔世之感

002

誇大妄想
과 대 망 상

과대망상 : 사실보다 과장하여 터무니없는 헛된 생각을 하는 증상

자랑할 과

誇 誇　　　　과

丶 ﾞ ﾞ 言 言 言 言 言 ﾞ 訏 訏 訏 誇 誇

큰 대

大 大　　　　대

一 ナ 大

망령될 망

妄 妄　　　　망

丶 ﾞ ﾞ ﾞ 妄 妄

생각할 상

想 想　　　　상

一 十 オ 木 机 机 相 相 相 相 想 想 想

誇大妄想

멋글씨 쓰기

誇大妄想

003

勞心焦思
노 심 초 사

노심초사 : 몹시 마음을 쓰며 애를 태움

애쓸 노

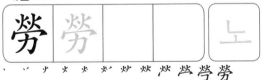

`丶 丷 丷 丷 丷 丷 炒 炒 炒 炒 勞 勞`

마음 심

`丶 心 心 心`

태울 초

`丿 亻 亻 亻 亻 佳 佳 佳 佳 焦 焦`

생각할 사

`丶 冂 日 田 田 田 思 思 思`

004

亡子計齒
망 자 계 치

망자계치 : '죽은 자식 나이 세기'라는 뜻으로, 이미 그릇된 일은 생각해도 아무 소용이 없음

망할 망

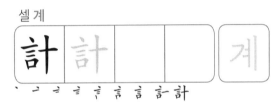

`丶 二 亡`

아들 자

셀 계

`丶 二 二 言 言 言 計 計`

이 치

멋글씨 쓰기

半信半疑
반 신 반 의

반신반의 : 얼마쯤 믿으면서도 한편으로는 의심함

首丘初心
수 구 초 심

수구초심 : 여우가 죽을 때 머리를 자기가 살던 굴 쪽으로 둔다는 뜻으로, 고향을 그리워하는 마음

반 반

半 半 　 　 반

丶 ﾉ ⺌ 二 半

믿을 신

信 信 　 　 신

丿 亻 亻 亠 亡 信 信 信

반 반

半 半 　 　 반

丶 ﾉ ⺌ 二 半

의심할 의

疑 疑 　 　 의

ﾉ ㇏ ⺊ ⺊ 矣 矣 矣 疑 疑 疑 疑 疑 疑

머리 수

首 首 　 　 수

丶 丷 产 产 产 肖 首 首 首

언덕 구

丘 丘 　 　 구

丿 ㇏ 斤 斤 丘

처음 초

初 初 　 　 초

丶 ﾗ 礻 礻 礻 初 初

마음 심

心 心 　 　 심

丶 心 心 心

半 信 半 疑

首 丘 初 心

멋글씨 쓰기

半信半疑

멋글씨 쓰기

首丘初心

007

羞惡之心
수 오 지 심

수오지심 : 옳지 못함을 부끄러워하고 착하지 못함을 미워하는 마음

부끄러울 수

羞　羞　　　　　수

丶丷亠䒑半羊养养养羞羞

미워할 오

惡　惡　　　　　오

一丆币币亜亜亜亞惡惡惡

갈 지 / ~의 지

之　之　　　　　지

丶亠ㄅ之

마음 심

心　心　　　　　심

丿心心心

羞惡之心

008

是非之心
시 비 지 심

시비지심 : 옳고 그름을 가릴 줄 아는 마음. 인의예지(仁義禮智) 가운데 지(智)에서 우러나옴

이 시 / 옳을 시

是　是　　　　　시

丨冂日日旦早早昆是

아닐 비

非　非　　　　　비

丿丿亅刲刲非非非

갈 지 / ~의 지

之　之　　　　　지

丶亠ㄅ之

마음 심

心　心　　　　　심

丿心心心

是非之心

是非之心

寤寐不忘
오 매 불 망

오매불망 : 자나 깨나 잊지 못함

自激之心
자 격 지 심

자격지심 : 자기가 한 일에 대하여 스스로 미흡하게 여기는 마음

깰 오

寤　寤　　　　오

丶丶宀宀宀宀宀宀疒疒寐寤寤寤寤

잠잘 매

寐　寐　　　　매

丶丶宀宀宀宀宀宀疒疒疒寐寐

아닐 불

不　不　　　　불

一ブ不不

잊을 망

忘　忘　　　　망

丶亠亡亡忘忘忘

스스로 자

自　自　　　　자

丿丨竹白白自

격할 격

激　激　　　　격

丶丶氵氵氵沪沪泊泊渲渲渲激激激激激

갈 지 / ~의 지

之　之　　　　지

丶亠之之

마음 심

心　心　　　　심

丿心心心

寤　寐　不　忘

自　激　之　心

寤寐不忘

自激之心

011 自愧之心
자 괴 지 심

자괴지심 : 스스로 부끄럽게 여기는 마음

스스로 자

自 自 　 　 자

′ 亻 自 自 自

부끄러워할 괴

愧 愧 　 　 괴

′ 丶 忄 忄 忖 忡 愧 愧 愧 愧 愧 愧

갈 지 / ~의 지

之 之 　 　 지

丶 亠 ㇇ 之

마음 심

心 心 　 　 심

′ 心 心 心

自 愧 之 心

멋글씨 쓰기

自愧之心

012 自暴自棄
자 포 자 기

자포자기 : 절망에 빠져 자신을 스스로 포기하고 돌아보지 아니함

스스로 자

自 自 　 　 자

′ 亻 自 自 自

사나울 포 / 해칠 포

暴 暴 　 　 포

丶 口 曰 旦 早 昻 昱 昇 昊 暴 暴 暴 暴

스스로 자

自 自 　 　 자

′ 亻 自 自 自

버릴 기

棄 棄 　 　 기

丶 亠 云 去 杏 杏 奋 奋 査 棄 棄

自 暴 自 棄

멋글씨 쓰기

自暴自棄

戰戰兢兢
전 전 긍 긍

전전긍긍 : 몹시 두려워서 벌벌 떨며 조심함

坐不安席
좌 불 안 석

좌불안석 : '앉아도 자리가 편안하지 않다'는 뜻으로, 마음이 불안하거나 걱정스러워서 한군데에 가만히 앉아 있지 못하고 안절부절못함

싸울 전

戰 | 戰 | | | 전

` ´ ` ´ ` ´ ` ´ ` ´ 單 單 戰 戰 戰

싸울 전

戰 | 戰 | | | 전

` ´ ` ´ ` ´ ` ´ ` ´ 單 單 戰 戰 戰

떨릴 긍

兢 | 兢 | | | 긍

一 十 土 吉 吉 产 声 兢 兢 兢 兢 兢 兢

떨릴 긍

兢 | 兢 | | | 긍

一 十 土 吉 吉 产 声 兢 兢 兢 兢 兢 兢

앉을 좌

坐 | 坐 | | | 좌

丿 人 丛 丛 坐 坐 坐

아닐 불

不 | 不 | | | 불

一 丆 丆 不

편안할 안

安 | 安 | | | 안

丶 丷 宀 宀 安 安

자리 석

席 | 席 | | | 석

丶 一 广 广 庀 庐 庐 席 席

戰 戰 兢 兢

坐 不 安 席

멋글씨 쓰기

戰戰兢兢

멋글씨 쓰기

坐不安席

015

惻隱之心
측 은 지 심

측은지심 : 불쌍히 여기는 마음. 인의예지(仁義禮智) 가운데 인(仁)에서 우러나옴

슬퍼할 측

측

丶丶忄忄忄忄忄忄忄忄惻惻

숨을 은

은

丶阝阝阝阝阝阝阝隱隱隱隱隱隱隱隱

갈 지 / ~의 지

지

丶一ラ之

마음 심

심

丶心心心

멋글씨 쓰기

016

鶴首苦待
학 수 고 대

학수고대 : 학의 목처럼 목을 길게 빼고 간절히 기다림

학 학

학

丶一ナオオ午午午午崔崔崔崔鶴鶴
鶴鶴鶴鶴鶴

머리 수

수

丶丷丷产产首首首首

쓸 고

고

丶十卝卝芒芐苦苦

기다릴 대

대

丶彳彳彳彳往往待待

격세지감 : 오래되지 않은 동안에 몰라보게 변하여 아주 다른 세상이 된 것 같은 느낌

과대망상 : 사실보다 과장하여 터무니없는 헛된 생각을 하는 증상

노심초사 : 몹시 마음을 쓰며 애를 태움

망자계치 : '죽은 자식 나이 세기'라는 뜻으로, 이미 그릇된 일은 생각해도 아무 소용이 없음

반신반의 : 얼마쯤 믿으면서도 한편으로는 의심함

수구초심 : 여우가 죽을 때 머리를 자기가 살던 굴 쪽으로 둔다는 뜻으로, 고향을 그리워하는 마음

수오지심 : 옳지 못함을 부끄러워하고 착하지 못함을 미워하는 마음

시비지심 : 옳고 그름을 가릴 줄 아는 마음. 인의예지(仁義禮智) 가운데 지(智)에서 우러나옴

오매불망 : 자나 깨나 잊지 못함

자격지심 : 자기가 한 일에 대하여 스스로 미흡하게 여기는 마음

자괴지심 : 스스로 부끄럽게 여기는 마음

자포자기 : 절망에 빠져 자신을 스스로 포기하고 돌아보지 아니함

전전긍긍 : 몹시 두려워서 벌벌 떨며 조심함

좌불안석 : '앉아도 자리가 편안하지 않다'는 뜻으로, 마음이 불안하거나 걱정스러워서 한 군데에 가만히 앉아 있지 못하고 안절부절못함

측은지심 : 불쌍히 여기는 마음. 인의예지 (仁義禮智) 가운데 인(仁)에서 우러나옴

학수고대 : 학의 목처럼 목을 길게 빼고 간절히 기다림

內柔外剛
내 유 외 강

내유외강 : 겉으로 보기에는 강하게 보이나 속은 부드러움

안 내

丨 冂 内 内

부드러울 유

フ マ ア 予 矛 柔 柔 柔 柔

바깥 외

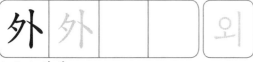

丿 夕 夕 外 外

굳셀 강

丨 冂 冂 冂 冈 冈 岡 岡 剛 剛

멋글씨 쓰기

笑裏藏刀
소 리 장 도

소리장도 : 웃는 마음속에 칼이 있다는 뜻으로, 말과 속셈이 다른 것. 겉으로는 미소 짓고 온화한 것 같으나 마음속으로는 음흉하고 악독함

웃음 소

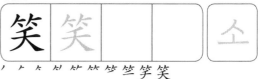

丿 ⺮ ⺮ 竹 竹 竿 竿 笑 笑

속 리

丶 亠 亠 宀 肓 宣 軍 軍 裏 裏 裏 裏 裏

감출 장

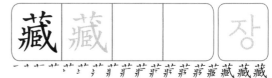

⺿ ⺿ ⺿ 茈 茈 藏 藏 藏 藏 藏

칼 도

フ 刀

멋글씨 쓰기

019

羊頭狗肉
양 두 구 육

양두구육 : 양의 머리를 걸어 놓고 개고기를 판다는 뜻으로, 겉보기만 그럴듯하게 보이고 속은 변변치 않음

양 양

羊 羊 | | | 양

` ` ʼ 丷 兰 兰 羊

머리 두

頭 頭 | | | 두

一 𠂆 𠂆 豆 豆 豆 豆 豇 豇 頭 頭 頭 頭 頭 頭

개 구

狗 狗 | | | 구

ノ ノ 犭 犭 狗 狗 狗 狗

고기 육

肉 肉 | | | 육

丨 冂 冂 内 肉 肉

羊 頭 狗 肉

멋글씨 쓰기

020

表裏不同
표 리 부 동

표리부동 : 겉으로 드러나는 언행과 속으로 가지는 생각이 다름

겉 표

表 表 | | | 표

一 二 キ 主 声 表 表 表

속 리

裏 裏 | | | 리

` 亠 亠 亠 咅 盲 宣 重 重 裏 裏 裏 裏

아닐 부

不 不 | | | 부

一 フ 不 不

같을 동

同 同 | | | 동

丨 冂 冂 同 同 同

表 裏 不 同

멋글씨 쓰기

同病相憐
동 병 상 련

心心相印
심 심 상 인

동병상련 : '같은 병을 앓는 사람끼리 서로 가엾게 여긴다'는 뜻으로, 어려운 처지에 있는 사람끼리 서로 가엾게 여김

심심상인 : 말없이 마음과 마음으로 뜻을 전함

한가지 동

| 同 | 同 | | | 동 |

丨 冂 冂 冂 同 同

마음 심

| 心 | 心 | | | 심 |

丶 心 心 心

병 병

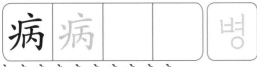

| 病 | 病 | | | 병 |

丶 亠 广 广 广 疒 疒 病 病 病

마음 심

| 心 | 心 | | | 심 |

丶 心 心 心

서로 상

| 相 | 相 | | | 상 |

一 十 才 木 相 相 相 相 相

서로 상

| 相 | 相 | | | 상 |

一 十 才 木 相 相 相 相 相

불쌍히 여길 련

| 憐 | 憐 | | | 련 |

丶 丶 忄 忄 忄 忄 忄 㤥 㤥 㤥 憐 憐 憐

도장 인 / 찍을 인

| 印 | 印 | | | 인 |

丶 丨 두 E 印 印

同病相憐

心心相印

023

以心傳心
이 심 전 심

이심전심 : 마음과 마음으로 서로 뜻이 통함

써 이

以 以 　 　 이

丶 丿 以 以 以

마음 심

心 心 　 　 심

丶 心 心 心

전할 전

傳 傳 　 　 전

丿 亻 亻 俨 俨 何 伸 俥 俥 僖 傳 傳

마음 심

心 心 　 　 심

丶 心 心 心

以 心 傳 心

024

拈華示衆
염 화 시 중

염화시중 : 말로 통하지 않고 마음에서 마음으로 전하는 일　석가모니가 영산회(靈山會)에서 연꽃 한 송이를 대중에게 보이자 마하가섭만 그 뜻을 깨닫고 미소 지으므로 그에게 불교의 진리를 주었다고 하는 데서 유래되었다.

집을 염

拈 拈 　 　 염

一 十 扌 扌 拈 拈 拈 拈

빛날 화 / 꽃 화

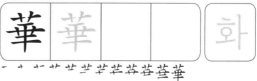

華 華 　 　 화

一 十 艹 艹 艹 芒 苎 苎 莁 華 華

보일 시

示 示 　 　 시

一 二 于 示 示

무리 중

衆 衆 　 　 중

丿 亻 台 帄 血 血 血 乑 乑 乑 衆 衆

拈 華 示 衆

刻骨難忘
각 골 난 망

각골난망 : 남에게 입은 은혜가 뼈에 새길 만큼 커서 잊지 못함

結草報恩
결 초 보 은

결초보은 : 죽은 뒤에라도 은혜를 잊지 않고 갚음

중국 춘추시대에 진나라의 위과(魏顆)가 아버지가 세상을 떠난 후에 서모를 개가시켜서 순사(殉死)하지 않게 하였더니, 그 뒤 싸움터에서 서모 아버지의 혼이 적군의 앞길에 풀을 묶어 적을 넘어뜨려 위과가 공을 세울 수 있도록 하였다는 고사에서 유래되었다.

새길 각

` 一 亠 亥 亥 亥 刻 刻

맺을 결

ㄥ ㄠ ㄠ ㄠ 糸 糸 糸 結 結 結 結

뼈 골

1 口 口 口 吕 吊 骨 骨 骨

풀 초

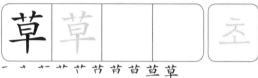

一 十 十 十 サ サ サ 节 芦 芦 草

어려울 난

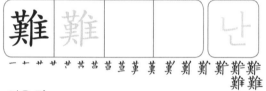

一 十 廿 廿 廿 苦 苦 苦 莫 莫 莫 莫 難 難 難 難 難

갚을 보

一 十 土 土 + 立 幸 幸 幸 報 報 報

잊을 망

` 亠 亡 亡 忘 忘 忘

은혜 은

1 口 日 円 因 因 因 恩 恩 恩

刻骨難忘

結草報恩

멋글씨 쓰기

刻骨難忘

멋글씨 쓰기

結草報恩

027

罔極之恩
망 극 지 은

망극지은 : 끝없이 베풀어 주는 혜택이나 고마움

없을 망

丨 冂 冂 冈 罔 罔 罔 罔

다할 극

一 十 才 木 朾 朾 朽 柯 柯 極 極 極

갈 지 / ~의 지

丶 ㇇ 宀 之

은혜 은

丨 冂 日 円 因 因 因 恩 恩 恩

028

白骨難忘
백 골 난 망

백골난망 : '죽어서 백골이 되어도 잊을 수 없다'는 뜻으로, 남에게 큰 은덕을 입었을 때의 고마움

흰 백

丿 ⺊ 白 白 白

뼈 골

丨 冂 冂 冋 骨 骨 骨 骨 骨

어려울 난

一 十 艹 艹 艹 荁 莒 莒 堇 菫 菫 歎 歎 歎 難 難 難 難

잊을 망

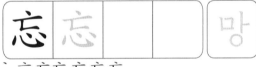

丶 一 亡 亡 忘 忘 忘

내유외강 : 겉으로 보기에는 강하게 보이나 속은 부드러움

소리장도 : 말과 속셈이 다른 것. 겉으로는 미소 짓고 온화한 것 같으나 마음속으로는 음흉하고 악독함

양두구육 : 양의 머리를 걸어 놓고 개고기를 판다는 뜻으로, 겉보기만 그럴듯하게 보이고 속은 변변치 않음

표리부동 : 겉으로 드러나는 언행과 속으로 가지는 생각이 다름

동병상련 : '같은 병을 앓는 사람끼리 서로 가엾게 여긴다'는 뜻으로, 어려운 처지에 있는 사람끼리 서로 가엾게 여김

심심상인 : 말없이 마음과 마음으로 뜻을 전함

이심전심 : 마음과 마음으로 서로 뜻이 통함

염화시중 : 말로 통하지 않고 마음에서 마음으로 전하는 일

각골난망 : 남에게 입은 은혜가 뼈에 새길 만큼 커서 잊지 못함

결초보은 : 죽은 뒤에라도 은혜를 잊지 않고 갚음

망극지은 : 끝없이 베풀어 주는 혜택이나 고마움

백골난망 : '죽어서 백골이 되어도 잊을 수 없다'는 뜻으로, 남에게 큰 은덕을 입었을 때의 고마움

둘째
마당

인생

萬古風霜
만 고 풍 상

朝飯夕粥
조 반 석 죽

만고풍상 : 아주 오랜 세월 동안 겪어 온 많은 고생

조반석죽 : '아침에는 밥을 먹고, 저녁에는 죽을 먹는다'는 뜻으로, 몹시 가난함

일만 만

萬 萬　　　　만

一 十 卝 甘 节 苜 苗 莒 萬 萬 萬 萬

아침 조

朝 朝　　　　조

一 十 十 古 古 古 直 卓 朝 朝 朝 朝

옛 고

古 古　　　　고

一 十 十 古 古

밥 반

飯 飯　　　　반

丿 𠂉 𠂉 㐅 㐅 今 食 食 食 飠 飠 飯 飯

바람 풍

風 風　　　　풍

丿 几 凡 凡 凤 凬 風 風 風

저녁 석

夕 夕　　　　석

丿 ク 夕

서리 상

霜 霜　　　　상

一 厂 厂 雨 雨 雨 雨 雪 雪 霜 霜 霜 霜 霜

죽 죽

粥 粥　　　　죽

丁 丁 弓 弓 弜 弜 弉 弣 粥 粥 粥 粥

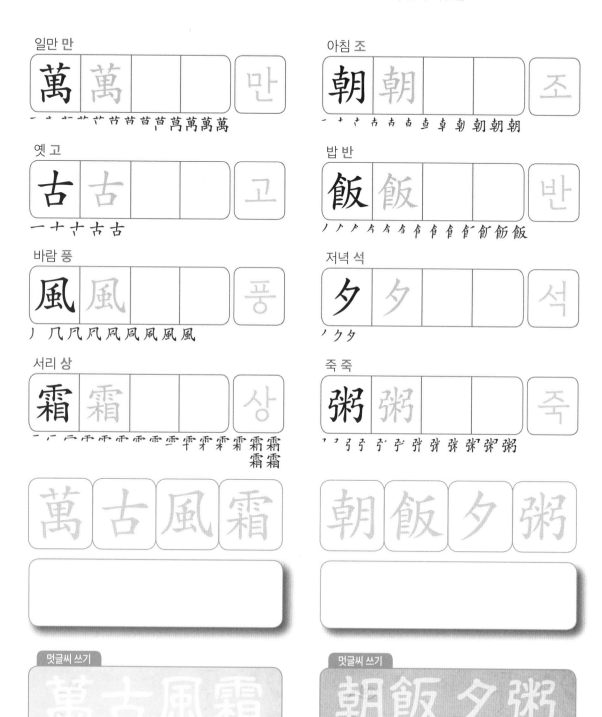

萬 古 風 霜

朝 飯 夕 粥

멋글씨 쓰기

萬古風霜

멋글씨 쓰기

朝飯夕粥

三旬九食
삼 순 구 식

삼순구식 : '30일 동안 아홉 끼니만 먹었다'는 뜻으로, 몹시 가난함

糊口之策
호 구 지 책

호구지책 : 가난한 살림에 겨우 먹고 살아가는 방책

석 삼

| 三 | 三 | | | 삼 |

一 二 三

풀칠할 호

| 糊 | 糊 | | | 호 |

丶 丶 丬 丬 丬 丬 料 料 籵 粁 粘 糊 糊 糊 糊

열흘 순

| 旬 | 旬 | | | 순 |

丿 勹 勹 旬 旬 旬

입 구

| 口 | 口 | | | 구 |

丨 冂 口

아홉 구

| 九 | 九 | | | 구 |

丿 九

갈 지 / ~의 지

| 之 | 之 | | | 지 |

丶 ㇀ ㇇ 之

밥 식

| 食 | 食 | | | 식 |

丿 人 𠆢 今 今 今 食 食 食

꾀 책

| 策 | 策 | | | 책 |

丿 𠂉 𠂉 𥫗 竹 竹 竹 竺 竺 笛 第 策 策

| 三 | 旬 | 九 | 食 |

| 糊 | 口 | 之 | 策 |

三旬九食

糊口之策

改過遷善
개 과 천 선

개과천선 : 지난날의 잘못이나 허물을 고쳐 올바르고 착하게 변함

苦盡甘來
고 진 감 래

고진감래 : '쓴 것이 다하면 단 것이 온다'는 뜻으로, 고생 끝에 즐거움이 옴

고칠 개

改 | 改 | | | 개

`丶 ㇆ 丆 㓞 改 改`

쓸 고

苦 | 苦 | | | 고

`一 十 㠯 㠯 艹 芒 芋 苦 苦`

지날 과

過 | 過 | | | 과

`丨 冂 冎 冎 冎 咼 咼 咼 咼 過 過 過`

다할 진

盡 | 盡 | | | 진

`㇅ ㇆ 큐 聿 聿 畫 盡 盡 盡 盡 盡 盡 盡 盡`

옮길 천

遷 | 遷 | | | 천

`一 ㇆ 丏 两 两 西 覀 栗 栗 霎 邎 還 遷 遷`

달 감

甘 | 甘 | | | 감

`一 十 廿 廿 甘`

착할 선

善 | 善 | | | 선

`丶 丷 丷 䒑 羊 羊 羊 羔 善 善 善`

올 래

來 | 來 | | | 래

`一 厂 厃 夾 夾 來 來 來`

改 過 遷 善

苦 盡 甘 來

拔本塞源
발 본 색 원

발본색원 : 좋지 않은 일의 근본 원인이 되는 요소를 완전히 없애 버려서 다시는 그런 일이 생길 수 없도록 함

事必歸正
사 필 귀 정

사필귀정 : 모든 일은 반드시 바른길로 돌아감

뽑을 발

拔　拔　　　발

一 十 扌 扌 扩 扙 拔 拔

근본 본

本　本　　　본

一 十 オ 木 本

막힐 색

塞　塞　　　색

一 宀 宀 宁 宁 宇 审 宲 宲 実 寒 寒 塞

근원 원

源　源　　　원

丶 氵 氵 沪 沪 沪 沪 涥 源 源 源

일 사

事　事　　　사

一 了 亡 亘 写 写 写 事

반드시 필

必　必　　　필

丶 ソ 必 必 必

돌아갈 귀

歸　歸　　　귀

丿 亻 亻 阝 阝 阜 阜 阜 阜 歸 歸 歸 歸
歸 歸 歸

바를 정

正　正　　　정

一 丁 下 正 正

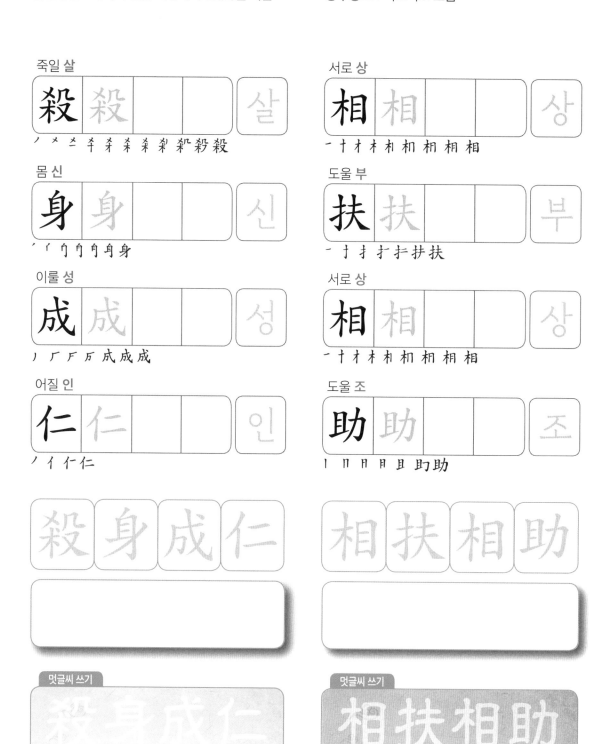

037

殺身成仁
살 신 성 인

살신성인 : 자기의 몸을 희생하여 인(仁)을 이룸

038

相扶相助
상 부 상 조

상부상조 : 서로서로 도움

죽일 살

| 殺 | 殺 | | | 살 |

ノ メ 产 羊 羊 羊 羊 杀 杀 殺 殺 殺

몸 신

| 身 | 身 | | | 신 |

ノ 亻 勺 白 身 身 身

이룰 성

| 成 | 成 | | | 성 |

ノ 厂 厂 万 成 成 成

어질 인

| 仁 | 仁 | | | 인 |

ノ 亻 亻 仁

서로 상

| 相 | 相 | | | 상 |

一 十 才 木 相 相 相 相 相

도울 부

| 扶 | 扶 | | | 부 |

一 十 才 扌 扌 扶 扶

서로 상

| 相 | 相 | | | 상 |

一 十 才 木 相 相 相 相 相

도울 조

| 助 | 助 | | | 조 |

丨 刀 月 月 且 助 助

殺 身 成 仁

相 扶 相 助

멋글씨 쓰기

殺身成仁

멋글씨 쓰기

相扶相助

039

先公後私
선 공 후 사

선공후사 : 공적인 일을 먼저 하고 사사로운 일은
뒤로 미룸

먼저 선

丿 ⺊ 生 生 步 先

공평할 공 / 공적인 것 공

丿 八 公 公

뒤 후

丿 ⺈ 彳 彳 行 徉 後 後 後

사사로울 사

丿 二 千 禾 禾 私 私

040

心機一轉
심 기 일 전

심기일전 : 어떤 동기가 있어 이제까지 가졌던 마
음가짐을 버리고 완전히 달라짐

마음 심

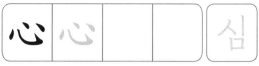

丿 心 心 心

틀 기

一 十 才 才 杙 杙 松 机 栌 栌 椮 椮 機 機 機

한 일

一

바꿀 전 / 구를 전

一 厂 厅 白 亘 車 車 軒 軒 軻 軻 轉 轉 轉 轉 轉

深思熟考
심 사 숙 고

심사숙고 : 깊이 잘 생각함

易地思之
역 지 사 지

역지사지 : 처지를 바꾸어서 생각해 봄

깊을 심

| 深 | 深 | | | 심 |

丶 丶 丶 氵 汀 沪 沪 涇 涇 深 深

바꿀 역

| 易 | 易 | | | 역 |

丿 冂 日 日 尸 月 吊 易

생각할 사

| 思 | 思 | | | 사 |

丿 冂 曰 田 田 思 思 思 思

땅 지 / 처지 지

| 地 | 地 | | | 지 |

一 十 土 圵 坍 地 地

익을 숙

| 熟 | 熟 | | | 숙 |

丶 亠 亠 亩 宁 亨 亨 享 郭 孰 孰 熟 熟 熟 熟

생각할 사

| 思 | 思 | | | 사 |

丿 冂 曰 田 田 田 思 思 思

생각할 고

| 考 | 考 | | | 고 |

一 十 土 耂 老 考

갈 지 / 그 지

| 之 | 之 | | | 지 |

丶 亠 宁 之

深 思 熟 考

易 地 思 之

溫故知新
온 고 지 신

온고지신 : 옛것을 익히고 새것을 앎

有備無患
유 비 무 환

유비무환 : 미리 준비가 되어 있으면 걱정할 것이 없음

익힐 온

| 溫 | 溫 | | | 온 |

丶丶氵氵沪沪沪涠涠涠溫溫溫

옛일 고

| 故 | 故 | | | 고 |

一十十古古古𠮷故故

알 지

| 知 | 知 | | | 지 |

丿丿二午矢知知知

새 신

| 新 | 新 | | | 신 |

丶丶亠亣亣立辛辛亲亲新新新

있을 유

| 有 | 有 | | | 유 |

一ナオ右右有

갖출 비

| 備 | 備 | | | 비 |

丿亻亻仁仕件俌俌備備備

없을 무

| 無 | 無 | | | 무 |

丿丶二午午午無無無無無無

근심 환

| 患 | 患 | | | 환 |

丶丨冂冂吕吕串串患患患

| 溫 | 故 | 知 | 新 |

| 有 | 備 | 無 | 患 |

멋글씨 쓰기

溫故知新

멋글씨 쓰기

有備無患

045

愚公移山
우 공 이 산

우공이산 : '우공이 산을 옮긴다는 뜻'으로, 어떤 일이든 끊임없이 노력하면 반드시 이루어짐

우공(愚公)이라는 노인이 집을 가로막은 산을 옮기려고 대대로 산의 흙을 파서 나르겠다고 하여 이에 감동한 하느님이 산을 옮겨 주었다는 데서 유래되었다.

어리석을 우

丶口曰曰吊吊禺禺禺禺愚愚愚

공평할 공

丿八公公

옮길 이

丿二千千禾禾秒移移移移

메 산

丨山山

046

有終之美
유 종 지 미

유종지미 : 한번 시작한 일을 끝까지 잘하여 끝맺음이 좋음

있을 유

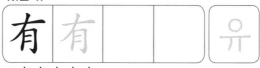

一ナオ有有有

마칠 종

纟纟纟糸糸糸糽紁終終終

갈 지 / ~의 지

丶一ㄣ之

아름다울 미

丶丷丷半羊羊美美

愚公移山

有終之美

멋글씨 쓰기

愚公移山

멋글씨 쓰기

有終之美

047

長幼有序
장 유 유 서

장유유서 : 오륜(五倫) 중 하나. 어른과 어린이 사이의 도리에는 엄격한 차례와 복종해야 할 질서가 있음

어른 장

長　長　　　　장
丨 丆 丆 圧 톤 長 長

어릴 유

幼　幼　　　　유
纟 纟 纟 幻 幼

있을 유

有　有　　　　유
一 ナ 才 有 有 有

차례 서

序　序　　　　서
丶 亠 广 户 序 序 序

長幼有序

048

他山之石
타 산 지 석

타산지석 : 다른 산의 나쁜 돌이라도 자기 산의 옥돌을 가는 데 쓸 수 있다는 뜻

본이 되지 않은 남의 말이나 행동도 자신의 지식과 인격을 수양하는 데 도움이 될 수 있음을 비유하는 말

다를 타

他　他　　　　타
丿 亻 仦 仲 他

메 산

山　山　　　　산
丨 山 山

갈 지 / ~의 지

之　之　　　　지
丶 亠 ㇏ 之

돌 석

石　石　　　　석
一 丆 丆 石 石

他山之石

만고풍상 : 아주 오랜 세월 동안 겪어 온 많은 고생

삼순구식 : '30일 동안 아홉 끼니만 먹었다'는 뜻으로, 몹시 가난함

호구지책 : 가난한 살림에 겨우 먹고 살아가는 방책

개과천선 : 지난날의 잘못이나 허물을 고쳐 올바르고 착하게 변함

고진감래 : '쓴 것이 다하면 단 것이 온다'는 뜻으로, 고생 끝에 즐거움이 옴

발본색원 : 좋지 않은 일의 근본 원인이 되는 요소를 완전히 없애 버려서 다시는 그런 일이 생길 수 없도록 함

사필귀정 : 모든 일은 반드시 바른길로 돌아감

살신성인 : 자기의 몸을 희생하여 인(仁)을 이룸

상부상조 : 서로서로 도움

심기일전 : 어떤 동기가 있어 이제까지 가졌던 마음가짐을 버리고 완전히 달라짐

심사숙고 : 깊이 잘 생각함

역지사지 : 처지를 바꾸어서 생각해 봄

온고지신 : 옛것을 익히고 새것을 앎

유비무환 : 미리 준비가 되어 있으면 걱정할 것이 없음

장유유서 : 오륜(五倫) 중 하나. 어른과 어린이 사이의 도리에는 엄격한 차례와 복종해야 할 질서가 있음

타산지석 : 다른 산의 나쁜 돌이라도 자기 산의 옥돌을 가는 데 쓸 수 있다는 뜻

049 甲男乙女
갑 남 을 녀

갑남을녀 : '갑이란 남자와 을이란 여자'라는 뜻으로, 평범한 사람들을 이르는 말

아무개 **갑**

| 甲 | 甲 | | | 갑 |

丨 口 曰 日 甲

사내 **남**

| 男 | 男 | | | 남 |

丨 口 曰 田 甲 男

아무 **을**

| 乙 | 乙 | | | 을 |

乙

여자 **녀**

| 女 | 女 | | | 녀 |

く 女 女

050 愚夫愚婦
우 부 우 부

우부우부 : 어리석은 남자와 어리석은 여자를 아울러 이르는 말

어리석을 **우**

| 愚 | 愚 | | | 우 |

丨 口 曰 日 目 咼 禺 禺 禺 禺 愚 愚 愚

지아비 **부**

| 夫 | 夫 | | | 부 |

一 二 夫 夫

어리석을 **우**

| 愚 | 愚 | | | 우 |

丨 口 曰 日 目 咼 禺 禺 禺 禺 愚 愚 愚

아내 **부**

| 婦 | 婦 | | | 부 |

く 女 女 女' 女彐 女彐 婦 婦 婦 婦 婦

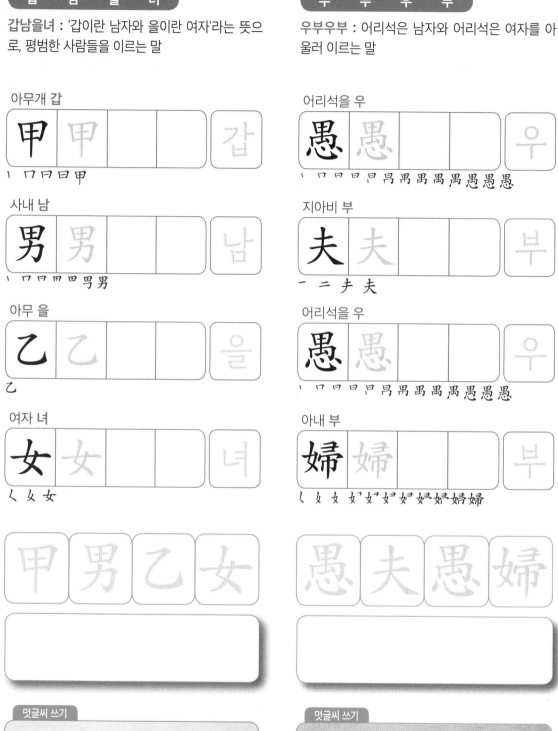

甲男乙女

愚夫愚婦

甲男乙女

愚夫愚婦

善男善女
선 남 선 녀

선남선녀 : '성품이 착한 남자와 여자'라는 뜻으로, 착하고 어진 사람들을 이르는 말

착할 선

善 善　　　선

丶 ⺷ ⺷ ⺷ 羊 羊 美 善 善

사내 남

男 男　　　남

丨 冂 冂 田 男 男

착할 선

善 善　　　선

丶 ⺷ ⺷ ⺷ 羊 羊 美 善 善

여자 녀

女 女　　　녀

⺄ ⼥ 女

善 男 善 女

善男善女

張三李四
장 삼 이 사

장삼이사 : '장씨(張氏)의 셋째 아들과 이씨(李氏)의 넷째 아들'이라는 뜻으로, 이름이나 신분이 특별하지 않은 평범한 사람들을 이르는 말

베풀 장

張 張　　　장

フ フ 弓 引 引 引 張 張 張

석 삼

三 三　　　삼

一 二 三

오얏 이 / 성씨 이

李 李　　　이

一 十 才 木 本 李 李

넉 사

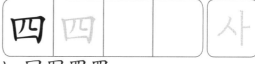

四 四　　　사

丨 冂 冂 四 四

張 三 李 四

張三李四

4
일
차

인
생

管鮑之交
관 포 지 교

金蘭之交
금 란 지 교

관포지교 : '관중과 포숙의 사귐'이란 뜻으로, 우정이 아주 돈독한 친구 관계

금란지교 : 친구 사이의 매우 두터운 정

대롱 관

管 管

` ´ ´ ´ ´ ´ ´ ´ ´ ´ ´ ´ ´ ´ 管 管

관

쇠 금

金 金

ノ 人 人 今 今 余 余 金

금

절인 물고기 포

鮑 鮑

´ ´ ´ ´ ´ 亻 亻 亻 亻 亻 亻 亻 亻 鮑 鮑

포

난초 란

蘭 蘭

蘭 蘭 蘭 蘭

란

갈 지 / ~의 지

之 之

` ﾉ 之 之

지

갈 지 / ~의 지

之 之

` ﾉ 之 之

지

사귈 교

交 交

` 二 亠 六 交 交

교

사귈 교

交 交

` 二 亠 六 交 交

교

管鮑之交

金蘭之交

055

莫逆之友
막 역 지 우

막역지우 : '서로 거스름이 없는 친구'라는 뜻으로, 허물이 없는 아주 친한 친구

없을 막

莫 莫　　　 막

一 十 艹 艹 芦 芦 苜 莒 莫 莫

거스를 역

逆 逆　　　 역

丷 丷 屰 屰 芦 苩 苩 逆 逆

갈 지 / ~의 지

之 之　　　 지

丶 ㇇ 之

벗 우

友 友　　　 우

一 ナ 方 友

멋글씨 쓰기
莫逆之友

056

刎頸之交
문 경 지 교

문경지교 : '서로를 위해서라면 목이 잘린다 해도 후회하지 않을 정도의 사이'라는 뜻으로, 생사를 같이할 수 있는 아주 가까운 사이, 또는 그런 친구

목 벨 문

刎 刎　　　 문

丿 勹 勺 匆 刎 刎

목 경

頸 頸　　　 경

一 丆 丞 巫 巠 巠 巠 巠 頸 頸 頸 頸 頸 頸 頸 頸

갈 지 / ~의 지

之 之　　　 지

丶 ㇇ 之

사귈 교

交 交　　　 교

丶 一 亠 六 亣 交

멋글씨 쓰기
刎頸之交

水魚之交
수 어 지 교

수어지교 : '물이 없으면 살 수 없는 물고기와 물의 관계'라는 뜻으로, 아주 친밀하여 떨어질 수 없는 사이

물 수

| 水 | 水 | | | 수 |

丨 丁 水 水

물고기 어

| 魚 | 魚 | | | 어 |

ノ ク ク 各 名 角 角 魚 魚 魚 魚

갈 지 / ~의 지

| 之 | 之 | | | 지 |

丶 亠 ㇈ 之

사귈 교

| 交 | 交 | | | 교 |

丶 亠 ナ 六 亣 交

| 水 | 魚 | 之 | 交 |

知己之友
지 기 지 우

지기지우 : 자기의 속마음을 참되게 알아주는 친구

알 지

| 知 | 知 | | | 지 |

ノ 广 ⺥ 矢 矢 知 知 知

자기 기

| 己 | 己 | | | 기 |

ㄱ ㄱ 己

갈 지 / ~의 지

| 之 | 之 | | | 지 |

丶 亠 ㇈ 之

벗 우

| 友 | 友 | | | 우 |

一 ナ 方 友

| 知 | 己 | 之 | 友 |

멋글씨 쓰기

水魚之交

멋글씨 쓰기

知己之友

呼兄呼弟
호 형 호 제

호형호제 : '서로 형이니 아우니 하고 부른다'는 뜻으로, 매우 가까운 친구로 지냄

부를 호

| 呼 | 呼 | | | 호 |

丶口口吖吖吖吖呼

형 형

| 兄 | 兄 | | | 형 |

丶口口尸兄

부를 호

| 呼 | 呼 | | | 호 |

丶口口吖吖吖吖呼

아우 제

| 弟 | 弟 | | | 제 |

丶丷ㅛ兰肖弟弟

| 呼 | 兄 | 呼 | 弟 |

멋글씨 쓰기
呼兄呼弟

同苦同樂
동 고 동 락

동고동락 : 괴로움도 즐거움도 함께함

한가지 동

| 同 | 同 | | | 동 |

丨冂冂冋同同

쓸 고

| 苦 | 苦 | | | 고 |

一十十井芒芒苦苦苦

한가지 동

| 同 | 同 | | | 동 |

丨冂冂冋同同

즐길 락

| 樂 | 樂 | | | 락 |

丿丿白白白白白的的樂樂樂樂樂樂

| 同 | 苦 | 同 | 樂 |

멋글씨 쓰기
同苦同樂

061

漁夫之利
어 부 지 리

어부지리 : 두 사람이 이해관계로 서로 싸우는 사이에 엉뚱한 사람이 애쓰지 않고 이익을 가로챔

도요새가 무명조개의 속살을 먹으려고 부리를 조가비 안에 넣는 순간 무명조개가 껍데기를 꼭 다물고 부리를 안 놔주자, 서로 다투는 틈을 타서 어부가 둘 다 잡아 이익을 얻었다는 데서 유래되었다.

고기 잡을 어

`丶丶氵氵浐浐渔渔渔渔渔渔渔`

지아비 부

`一二丰夫`

갈 지 / ~의 지

`丶一ラ之`

이로울 리

`一二千禾禾利利`

062

主客顚倒
주 객 전 도

주객전도 : '주인과 손의 위치가 서로 뒤바뀐다'는 뜻으로, 사물의 경중 · 선후 · 완급 등이 서로 뒤바뀜

주인 주

`丶一二宁主`

손 객

`丶丶宀宀宁安安客客`

뒤집힐 전

`一ト占占首直直真真真真頭顚顚顚顚顚`

넘어질 도

`ノイイ伫伫伫俌倒倒`

甘吞苦吐
감 탄 고 토

감탄고토 : '달면 삼키고 쓰면 뱉는다'는 뜻으로, 자신의 비위에 따라서 사리의 옳고 그름을 판단함

달 감

一 十 廿 甘 甘

삼킬 탄

一 二 千 天 禾 呑 呑

쓸 고

一 十 卄 卄 芢 芢 苦 苦

토할 토

1 ㅁ ㅁ 마 吐

同床異夢
동 상 이 몽

동상이몽 : '같은 자리에 자면서 다른 꿈을 꾼다'는 뜻으로, 겉으로는 같이 행동하면서도 속으로는 각각 다른 생각을 함

한가지 동

1 冂 冂 同 同 同

상 상

丶 广 广 户 庁 床 床

다를 이

1 冂 曰 田 田 里 甲 昃 異 異

꿈 몽

一 十 卄 艹 芦 芦 芌 莒 莒 萌 夢 夢 夢

4
일
차

인
생

멋글씨 쓰기

멋글씨 쓰기

관포지교 : '관중과 포숙의 사귐'이란 뜻으로, 우정이 아주 돈독한 친구 관계

금란지교 : 친구 사이의 매우 두터운 정

막역지우 : '서로 거스름이 없는 친구'라는 뜻으로, 허물이 없는 아주 친한 친구

문경지교 : '서로를 위해서라면 목이 잘린다 해도 후회하지 않을 정도의 사이'라는 뜻으로, 생사를 같이할 수 있는 아주 가까운 사이, 또는 그런 친구

수어지교 : '물이 없으면 살 수 없는 물고기와 물의 관계'라는 뜻으로, 아주 친밀하여 떨어질 수 없는 사이

지기지우 : 자기의 속마음을 참되게 알아주는 친구

호형호제 : '서로 형이니 아우니 하고 부른다'는 뜻으로, 매우 가까운 친구로 지냄

동상이몽 : '같은 자리에 자면서 다른 꿈을 꾼다'는 뜻으로, 겉으로는 같이 행동하면서도 속으로는 각각 다른 생각을 함

어부지리 : 두 사람이 이해관계로 서로 싸우는 사이에 엉뚱한 사람이 애쓰지 않고 이익을 가로챔

주객전도 : '주인과 손의 위치가 서로 뒤바뀐다'는 뜻으로, 사물의 경중·선후·완급 등이 서로 뒤바뀜

감탄고토 : '달면 삼키고 쓰면 뱉는다'는 뜻으로, 자신의 비위에 따라서 사리의 옳고 그름을 판단함

동고동락 : 괴로움도 즐거움도 함께함

065

山戰水戰
산 전 수 전

산전수전 : '산에서도 싸우고 물에서도 싸웠다'는
뜻으로, 세상의 온갖 고생과 어려움을 다 겪음

메 산

山 山 　 　 산

丨 山 山

싸움 전

戰 戰 　 　 전

丶 丶 丷 丷 甲 甲 留 晋 單 單 戰
戰 戰

물 수

水 水 　 　 수

丨 亅 水 水

싸움 전

戰 戰 　 　 전

丶 丶 丷 丷 甲 甲 留 晋 單 單 戰
戰 戰

山 戰 水 戰

066

塞翁之馬
새 옹 지 마

새옹지마 : 인생의 길흉화복은 변화가 많아 예측
하기가 어려움　　옛날에 새옹이 기르던 말이 오랑캐 땅으로 달아나서 노인이 낙심
했다. 그 후에 달아났던 말이 준마를 한 필 끌고 와서 훌륭한 말을
얻었지만 아들이 준마를 타다가 떨어져 다리가 부러졌다. 노인은 다시 낙심하였는데 그로 인해 아들
은 전쟁에 끌려 가지 않고 죽음을 면할 수 있었다는 이야기에서 유래되었다.

변방 새

塞 塞 　 　 새

丶 丶 宀 宀 宀 宊 窜 寒 寒 寒 塞

늙은이 옹

翁 翁 　 　 옹

丿 八 公 公 今 竻 翁 翁 翁 翁

갈 지 / ~의 지

之 之 　 　 지

丶 亠 乊 之

말 마

馬 馬 　 　 마

丨 厂 厂 戶 馬 馬 馬 馬 馬

塞 翁 之 馬

067

送舊迎新
송 구 영 신

송구영신 : 묵은해를 보내고 새해를 맞음

보낼 송

送　送　　　　송

`丿 八 ㇾ ⺍ 关 关 关 送 送`

옛 구

舊　舊　　　　구

`丨 ⺊ ⺊ 艹 芢 芢 芢 萑 萑 萑 舊 舊 舊 舊 舊`

맞을 영

迎　迎　　　　영

`丿 𠃋 ㇉ 卬 卬 迎 迎`

새 신

新　新　　　　신

`丶 ㇐ ㇐ 立 产 辛 辛 亲 新 新 新`

送舊迎新

멋글씨 쓰기

送舊迎新

068

弱肉強食
약 육 강 식

약육강식 : '약한 자가 강한 자에게 먹힌다'는 뜻으로, 강한 자가 약한 자를 희생시켜서 번영하거나, 약한 자가 강한 자에게 결국 멸망함

약할 약

弱　弱　　　　약

`ㄱ 弓 弓 弓 弓 弓 弱 弱 弱`

고기 육

肉　肉　　　　육

`丨 冂 内 内 肉 肉`

강할 강

強　强　　　　강

`ㄱ 弓 弓 弓 弓 弓 弹 弹 强 强 强`

밥 식 / 먹을 식

食　食　　　　식

`丿 人 𠆢 今 今 今 食 食 食`

弱肉強食

멋글씨 쓰기

弱肉強食

人生無常
인 생 무 상

인생무상 : 인생이 덧없음

轉禍爲福
전 화 위 복

전화위복 : 재앙과 근심, 걱정이 바뀌어 오히려 복이 됨

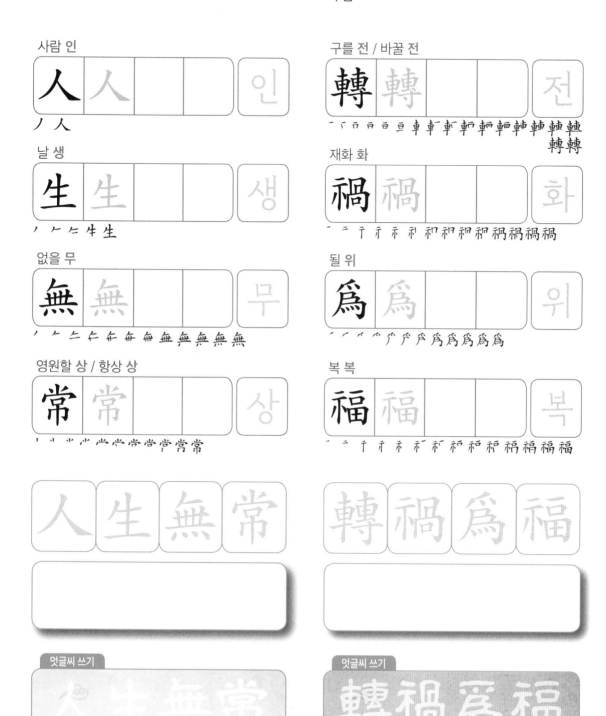

사람 인

人 人　　　인

丿人

날 생

生 生　　　생

丿 ノ ㇗ 生 生

없을 무

無 無　　　무

丿 ㇒ ㇒ ㇒ ㇒ ㇒ 無 無 無 無 無 無

영원할 상 / 항상 상

常 常　　　상

丨 丬 丬 丬 当 当 常 常 常 常 常

구를 전 / 바꿀 전

轉 轉　　　전

一 ㇒ 币 币 百 亘 車 車 車 転 転 転 轉 轉 轉 轉 轉

재화 화

禍 禍　　　화

一 二 千 禾 禾 禾 禍 禍 禍 禍 禍 禍 禍

될 위

爲 爲　　　위

ノ ノ ㇒ ㇒ ㇒ ㇒ ㇒ ㇒ 爲 爲 爲 爲 爲

복 복

福 福　　　복

一 二 千 禾 禾 禾 福 福 福 福 福 福 福

人 生 無 常

轉 禍 爲 福

人生無常

轉禍爲福

天佑神助
천 우 신 조

천우신조 : 하늘이 돕고 신령이 도움

하늘 천

一 二 千 天

도울 우

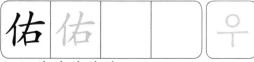

丿 亻 亻 亻 仕 佑 佑

귀신 신

一 二 亍 亓 乔 示 和 和 神 神

도울 조

丨 卩 月 目 且 助 助

天 佑 神 助

兔死狗烹
토 사 구 팽

토사구팽 : '토끼가 죽으면 토끼를 잡던 사냥개도 필요 없어져서 주인에게 삶아 먹히게 된다'는 뜻으로, 필요할 때는 쓰고 필요 없을 때는 버림

토끼 토

丿 𠂊 刍 西 尹 兑 兔

죽을 사

一 厂 歹 歹 死 死

개 구

丿 亻 犭 犭 狗 狗 狗 狗

삶을 팽

丶 亠 亠 古 言 亨 亨 亨 烹 烹

兔 死 狗 烹

5
일
차

인
생

멋글씨 쓰기

天佑神助

멋글씨 쓰기

兔死狗烹

波瀾萬丈
파 란 만 장

파란만장 : 사람의 생활이나 일의 진행이 여러 가지 곡절과 시련이 많고 변화가 심함

물결 파

波 波 　 　 | 파

丶丶氵汀汀沪波波

물결 란

瀾 瀾 　 　 | 란

丶丶氵汀汀沪沪沪閈閈潤潤潤潤
潤潤瀾瀾瀾

일만 만

萬 萬 　 　 | 만

一十廿廿节节苗苗营萬萬萬

길이 장

丈 丈 　 　 | 장

一ナ丈

波 瀾 萬 丈

邯鄲之夢
한 단 지 몽

한단지몽 : 인생과 부귀영화가 덧없음

서기 731년에 노생(盧生)이 한단이란 곳에서 여옹(呂翁)의 베개를 빌려 잠을 잤는데, 꿈속에서 80년 동안 부귀영화를 다 누렸지만 깨어 보니 메조로 밥을 짓는 동안이었다는 데에서 유래되었다.

땅 이름 한

邯 邯 　 　 | 한

一十廿廿甘甘'邯邯

땅 이름 단

鄲 鄲 　 　 | 단

丨丨口口口四四門門貿貿單單'鄲鄲鄲

갈 지 / ~의 지

之 之 　 　 | 지

丶一ラ之

꿈 몽

夢 夢 　 　 | 몽

一十廿廿节节节苦苗苗莒莫夢夢

邯 鄲 之 夢

邯鄲之夢

075

好事多魔
호 사 다 마

호사다마 : 좋은 일에는 흔히 방해되는 일이 많거나 그런 일이 많이 생김

좋을 호

好 好 　 　 호

ㄑ ㄑ 女 女 好 好

일 사

事 事 　 　 사

一 ㄱ ㅋ ㅋ ㅋ ㅋ 写 事

많을 다

多 多 　 　 다

ノ ク ク タ 多 多

마귀 마

魔 魔 　 　 마

丶 广 广 广 广 广 广 庐 庐 庐 麻 麻 麻 麿
磨 磨 磨 魔 魔 魔

멋글씨 쓰기

076

喜怒哀樂
희 로 애 락

희로애락 : 기쁨과 노여움과 슬픔과 즐거움을 아울러 이르는 말

기쁠 희

喜 喜 　 　 희

一 十 士 吉 吉 吉 吉 壴 壴 喜 喜

성낼 로

怒 怒 　 　 로

ㄑ 女 女 如 奴 奴 怒 怒 怒

슬플 애

哀 哀 　 　 애

丶 亠 宀 宀 古 卢 吉 声 哀

즐길 락

樂 樂 　 　 락

ノ ㇀ 白 白 白 泊 泊 约 细 绝 继 樂 樂 樂

멋글씨 쓰기

산전수전 : '산에서도 싸우고 물에서도 싸웠다'는 뜻으로, 세상의 온갖 고생과 어려움을 다 겪음

새옹지마 : 인생의 길흉화복은 변화가 많아 예측하기가 어려움

송구영신 : 묵은해를 보내고 새해를 맞음

약육강식 : '약한 자가 강한 자에게 먹힌다'는 뜻으로, 강한 자가 약한 자를 희생시켜서 번영하거나, 약한 자가 강한 자에게 결국 멸망함

인생무상 : 인생이 덧없음

전화위복 : 재앙과 근심, 걱정이 바뀌어 오히려 복이 됨

천우신조 : 하늘이 돕고 신령이 도움

토사구팽 : '토끼가 죽으면 토끼를 잡던 사냥개도 필요 없어져서 주인에게 삶아 먹히게 된다'는 뜻으로, 필요할 때는 쓰고 필요 없을 때는 버림

5 일 차

인 생

파란만장 : 사람의 생활이나 일의 진행이 여러 가지 곡절과 시련이 많고 변화가 심함

한단지몽 : 인생과 부귀영화가 덧없음

호사다마 : 좋은 일에는 흔히 방해되는 일이 많거나 그런 일이 많이 생김

희로애락 : 기쁨과 노여움과 슬픔과 즐거움을 아울러 이르는 말

좋고 나쁘고,
많고 적고

金科玉條
금 과 옥 조

금과옥조 : 금이나 옥처럼 귀중히 여겨 꼭 지켜야 할 법칙이나 규정

起死回生
기 사 회 생

기사회생 : 거의 죽을 뻔하다가 살아남

쇠 금

金 金 　 　 | 금

ノ 人 스 스 全 全 余 金

일어날 기

起 起 　 　 | 기

一 十 土 ま ま 走 走 起 起 起

조목 과

科 科 　 　 | 과

ー 二 千 禾 禾 禾 科 科

죽을 사

死 死 　 　 | 사

一 厂 万 歹 歹 死

구슬 옥

玉 玉 　 　 | 옥

一 二 千 王 玉

돌아올 회

回 回 　 　 | 회

丨 冂 冂 冋 回 回

조목 조

條 條 　 　 | 조

ノ イ 亻 伒 伒 伀 佟 條 條 條

날 생

生 生 　 　 | 생

ノ 仁 仨 生 生

金 科 玉 條

起 死 回 生

金科玉條

起死回生

大義名分
대 의 명 분

대의명분 : 사람으로서 마땅히 지키고 실행해야 하는 도리나 본분

名實相符
명 실 상 부

명실상부 : 이름과 실상이 서로 꼭 맞음

큰 대

大 大　　　　대

一 ナ 大

이름 명

名 名　　　　명

丿 ク 夕 夕 名 名

옳을 의

義 義　　　　의

丶 丷 圵 圵 羊 羊 差 羊 義 義 義

열매 실

實 實　　　　실

丶 宀 宀 宁 宙 宙 宙 宙 宵 宵 實 實 實

이름 명

名 名　　　　명

丿 ク 夕 夕 名 名

서로 상

相 相　　　　상

一 十 才 木 机 机 相 相 相

구별 분

分 分　　　　분

丿 八 分 分

부호 부

符 符　　　　부

丿 ト 竹 竹 竹 竹 符 符 符 符

大 義 名 分

名 實 相 符

멋글씨 쓰기

大義名分

멋글씨 쓰기

名實相符

武陵桃源
무 릉 도 원

무릉도원 : 도연명의 <도화원기>에 나오는 말로, '이상향', '별천지'를 비유함 중국 진(晉)나라 때 호남(湖南) 무릉의 한 어부가 배를 저어 복숭아꽃이 아름답게 핀 수원지로 올라가 굴 속에서 진(秦)나라의 난리를 피해 온 사람들을 만났는데, 그들은 하도 살기 좋아 그동안 바깥세상의 변천과 많은 세월이 지난 줄도 몰랐다고 한다.

호반 무

武 武 　 　 무

一 二 𠃌 千 舌 舌 武 武

언덕 릉

陵 陵 　 　 릉

' 阝 阝 阝⺈ 阹 阹 陸 陸 陵 陵

북숭아 도

桃 桃 　 　 도

一 十 才 木 札 札 杉 桃 桃

근원 원

源 源 　 　 원

' 氵 氵 沪 沪 沪 沪 沪 源 源 源 源

門前沃畓
문 전 옥 답

문전옥답 : 집 가까이에 있는 기름진 논

문 문

門 門 　 　 문

丨 冂 冂 冃 冃 門 門 門

앞 전

前 前 　 　 전

丶 丷 广 广 首 首 前 前 前

기름질 옥

沃 沃 　 　 옥

丶 氵 氵 沪 沃 沃 沃

논 답

畓 畓 　 　 답

𠄌 刁 水 水 水 沓 沓 畓 畓

멋글씨 쓰기
武陵桃源

멋글씨 쓰기
門前沃畓

083

安分知足
안 분 지 족

안분지족 : 편안한 마음으로 제 분수를 지키며 만족할 줄을 앎

편안할 **안**

安	安			안

丶 丷 宀 宂 安 安

나눌 **분**

分	分			분

丿 八 分 分

알 **지**

知	知			지

丿 𠂉 𠂇 矢 矢 知 知 知

발 **족**

足	足			족

丨 口 口 早 早 足 足

安分知足

멋글씨 쓰기

安分知足

084

安貧樂道
안 빈 낙 도

안빈낙도 : 가난한 생활을 하면서도 편안한 마음으로 도를 즐겨 지킴

편안할 **안**

安	安			안

丶 丷 宀 宂 安 安

가난할 **빈**

貧	貧			빈

丿 八 分 分 分 贫 贫 貧 貧 貧 貧

즐길 **낙**

樂	樂			낙

丿 亻 白 白 白 伯 纳 纳 䌵 䌵 䌵 樂 樂 樂 樂

길 **도**

道	道			도

丶 丷 䒑 𠂉 产 首 首 首 首 首 道 道 道

安貧樂道

멋글씨 쓰기

安貧樂道

6일차 좋고 나쁘고/많고 적고

漸入佳境
점 입 가 경

점입가경 : 들어갈수록 점점 재미가 있음 또는 때가 지날수록 하는 짓이나 모양새가 더욱 꼴불견임을 빗대어 이르는 말

점점 **점**

` ` ` ` ` ` ` ` ` ` ` ` ` 漸

들 **입**

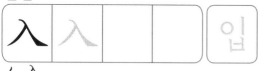

丿 入

아름다울 **가**

丿 亻 亻 仁 仹 佳 佳

지경 **경**

一 十 土 圹 圹 圹 坪 培 培 培 境 境

換骨奪胎
환 골 탈 태

환골탈태 : '뼈대를 바꾸어 끼고 태를 바꾸어 쓴다'는 뜻으로, 사람이 더 나은 쪽으로 바뀌어서 전혀 딴 사람처럼 됨

바꿀 **환**

一 十 扌 扩 护 护 护 捛 換 換 換

뼈 **골**

丨 冂 冋 冋 丹 骨 骨 骨 骨

빼앗을 **탈**

一 ナ 大 大 木 本 本 奄 奄 奪 奪 奪

아이 밸 **태**

丿 刀 月 月 肜 胎 胎 胎 胎

見物生心
견 물 생 심

見物生心 : 어떠한 실물을 보면 그것을 가지고 싶은 욕심이 생김

볼 견

見 見 ⟶ 견

丨 门 闩 闩 目 貝 見

물건 물

物 物 ⟶ 물

丿 𠂒 牛 牜 物 物 物 物

날 생

生 生 ⟶ 생

丿 𠂉 牛 生 生

마음 심

心 心 ⟶ 심

丶 心 心 心

見 物 生 心

權謀術數
권 모 술 수

權謀術數 : 목적 달성을 위하여 수단과 방법을 가리지 않는 온갖 모략이나 술책

권세 권

權 權 ⟶ 권

一 十 才 木 木 才 栌 栌 栌 栌 栌 榫 榫 榫 榫 榫 榫 權 權 權 權

꾀 모

謀 謀 ⟶ 모

丶 二 亖 亖 言 言 訂 計 計 詳 詳 詳 詳 謀 謀 謀

재주 술

術 術 ⟶ 술

丿 夕 彳 千 祚 袦 袦 術 術 術 術

셈 수

數 數 ⟶ 수

丨 门 曱 曱 昌 昌 書 書 婁 婁 婁 數 數 數 數

權 謀 術 數

멋글씨 쓰기

見物生心

멋글씨 쓰기

權謀術數

錦衣夜行
금 의 야 행

금의야행 : '비단옷을 입고 밤길을 다닌다'는 뜻으로, 자랑삼아 하지 않으면 생색이 나지 않음

目不忍見
목 불 인 견

목불인견 : 눈앞에 벌어진 상황 등을 눈 뜨고는 차마 볼 수 없음

비단 금

錦 錦 　 　 금

ノ ノ ナ ナ 牟 牟 余 金 金' 金' 釘 釦 鉀 鉀 錦 錦

옷 의

衣 衣 　 　 의

ᆞ 亠 ナ ぞ ぞ 衣

밤 야

夜 夜 　 　 야

ᆞ 亠 广 宀 疒 疒 夜 夜

다닐 행

行 行 　 　 행

ノ ノ イ 彳 疒 行 行

눈 목

目 目 　 　 목

丨 冂 冃 月 目

아닐 불

不 不 　 　 불

一 ナ 不 不

참을 인

忍 忍 　 　 인

フ 刀 刃 刃 忍 忍 忍

볼 견

見 見 　 　 견

丨 冂 冃 月 目 見 見

멋글씨 쓰기

錦衣夜行

멋글씨 쓰기

目不忍見

賊反荷杖
적 반 하 장

적반하장 : '도둑이 도리어 매를 든다'는 뜻으로, 잘못한 사람이 아무 잘못도 없는 사람을 나무람

도둑 적

賊　賊　　　　　적

丨 冂 冂 月 日 貝 貝 貶 賦 賦 賊 賊

돌이킬 반

反　反　　　　　반

一 厂 厅 反

멜 하

荷　荷　　　　　하

一 十 卄 艹 艹 莕 莕 荷 荷 荷

지팡이 장

杖　杖　　　　　장

一 十 才 木 杧 杖 杖

賊　反　荷　杖

靑天霹靂
청 천 벽 력

청천벽력 : '맑게 갠 하늘에서 치는 날벼락'이라는 뜻으로, 뜻밖에 일어난 큰 변고나 사건

푸를 청

靑　靑　　　　　청

一 二 丰 圭 丰 靑 靑 靑

하늘 천

天　天　　　　　천

一 二 千 天

벼락 벽

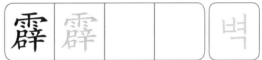

霹　霹　　　　　벽

一 厂 户 雨 雨 雨 雫 雫 霏 霏 霏 霏
霹 霹 霹 霹 霹 霹

벼락 력

靂　靂　　　　　력

一 厂 户 雨 雨 雨 雫 雫 雫 霏 霏 霏
霏 霹 靂 靂 靂 靂 靂 靂 靂

靑　天　霹　靂

금과옥조 : 금이나 옥처럼 귀중히 여겨 꼭 지켜야 할 법칙이나 규정

기사회생 : 거의 죽을 뻔하다가 다시 살아남

대의명분 : 사람으로서 마땅히 지키고 실행해야 할 도리나 본분

명실상부 : 이름과 실상이 서로 꼭 맞음

무릉도원 : 도연명의 <도화원기>에 나오는 말로, '이상향', '별천지'를 비유함

문전옥답 : 집 가까이에 있는 기름진 논

안분지족 : 편안한 마음으로 제 분수를 지키며 만족할 줄을 앎

안빈낙도 : 가난한 생활을 하면서도 편안한 마음으로 도를 즐겨 지킴

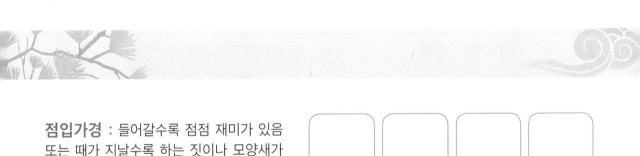

점입가경 : 들어갈수록 점점 재미가 있음 또는 때가 지날수록 하는 짓이나 모양새가 더욱 꼴불견임을 빗대어 이르는 말

환골탈태 : '뼈대를 바꾸어 끼고 태를 바꾸어 쓴다'는 뜻으로, 사람이 더 나은 쪽으로 바뀌어서 전혀 딴사람처럼 됨

견물생심 : 어떠한 실물을 보면 그것을 가지고 싶은 욕심이 생김

권모술수 : 목적 달성을 위하여 수단과 방법을 가리지 않는 온갖 모략이나 술책

금의야행 : '비단옷을 입고 밤길을 다닌다'는 뜻으로, 자랑삼아 하지 않으면 생색이 나지 않음

목불인견 : 눈앞에 벌어진 상황 등을 눈 뜨고는 차마 볼 수 없음

적반하장 : '도둑이 도리어 매를 든다'는 뜻으로, 잘못한 사람이 아무 잘못도 없는 사람을 나무람

청천벽력 : '맑게 갠 하늘에서 치는 날벼락'이라는 뜻으로, 뜻밖에 일어난 큰 변고나 사건

6
일
차

좋고 나쁘고/많고 적고

空中樓閣
공 중 누 각

공중누각 : '공중에 떠 있는 누각'이라는 뜻으로, 아무런 근거나 토대가 없는 사물이나 생각을 비유함

徒勞無益
도 로 무 익

도로무익 : 헛되이 애만 쓰고 아무런 이로움이 없음

빌 공

空 空 　 　 공

丶 丶 宀 宀 空 空 空 空

무리 도

徒 徒 　 　 도

丿 彳 彳 彳 徃 徍 徍 徒 徒

가운데 중

中 中 　 　 중

丨 冂 口 中

일할 로

勞 勞 　 　 로

丶 丷 ㅆ ㅆ ㅆ 炏 炏 炏 芾 勞 勞

다락 누

樓 樓 　 　 누

一 十 才 木 木 栌 栌 栌 栌 相 楎 楎 楎 樓

없을 무

無 無 　 　 무

丿 𠂉 𠂉 𠂉 𠂉 無 無 無 無 無 無 無

집 각

閣 閣 　 　 각

丨 冂 冂 冃 冃 門 門 門 門 閣 閣 閣 閣 閣

더할 익

益 益 　 　 익

丶 丷 八 公 公 公 谷 谷 益 益

空 中 樓 閣

徒 勞 無 益

空中樓閣

徒勞無益

095

白面書生
백 면 서 생

백면서생 : 한갓 글만 읽고 세상일에는 전혀 경험이 없는 사람

흰 백
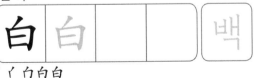
白 白 　 　 백
丶 亻 白 白 白

낮 면

面 面 　 　 면
一 ァ ㄱ 币 而 而 面 面 面

글 서

書 書 　 　 서
フ ㄱ ㅋ ㅋ ㅋ 聿 書 書 書 書

날 생

生 生 　 　 생
丿 ㅏ 스 牛 生

白 面 書 生

멋글씨 쓰기

白面書生

096

沙上樓閣
사 상 누 각

사상누각 : '모래 위에 세운 누각'이라는 뜻으로, 기초가 튼튼하지 못하여 오래 견디지 못할 일이나 물건

모래 사

沙 沙 　 　 사
丶 丶 氵 汀 汋 沙 沙

위 상

上 上 　 　 상
丨 ㅏ 上

다락 누

樓 樓 　 　 누
一 十 才 木 木 杧 栌 栌 棋 栖 棋 楗 楗 樓 樓

집 각

閣 閣 　 　 각
丨 丨 丬 冂 冂 門 門 門 門 閈 閤 閤 閣 閣

沙 上 樓 閣

멋글씨 쓰기

沙上樓閣

緣木求魚
연 목 구 어

연목구어 : '나무에 올라가서 물고기를 구한다'는 뜻으로, 도저히 불가능한 일을 굳이 하려 함

卓上空論
탁 상 공 론

탁상공론 : 현실성이 없는 허황된 이론이나 논의

인연 연

緣　緣　　　　연

`〳 〵 幺 纟 糹 糸 糼 紵 絆 絆 絆 緣 緣 緣`

나무 목

木　木　　　　목

`一 十 才 木`

구할 구

求　求　　　　구

`一 丁 寸 寸 求 求 求`

물고기 어

魚　魚　　　　어

`〳 〵 〩 召 乌 魚 魚 魚 魚 魚 魚`

높을 탁

卓　卓　　　　탁

`丨 卜 ㅏ 占 占 卢 点 卓`

위 상

上　上　　　　상

`丨 ㅏ 上`

빌 공

空　空　　　　공

`丶 宀 宀 究 究 空 空 空`

논할 론

論　論　　　　론

`丶 亠 亖 言 言 言 訡 訡 論 論 論 論 論 論 論`

緣 木 求 魚

卓 上 空 論

緣木求魚

卓上空論

畫中之餅
화 중 지 병

화중지병 : 그림의 떡

後悔莫及
후 회 막 급

후회막급 : 이미 잘못된 뒤에 아무리 후회해도 다시 어찌할 수가 없음

그림 화

畫 畫 | | | 화

フ ヲ ヨ ⺕ 聿 聿 書 書 畵 畫 畫

가운데 중

中 中 | | | 중

丨 口 口 中

갈 지 / ~의 지

之 之 | | | 지

丶 一 ㇈ 之

떡 병

餅 餅 | | | 병

ノ 𠆢 𠂉 牟 今 今 㑒 飠 飠 飠 飠 餅 餅 餅 餅 餅

뒤 후

後 後 | | | 후

ノ 彳 彳 彳 徉 徔 徉 後 後

뉘우칠 회

悔 悔 | | | 회

丶 丶 忄 忄 忙 忙 悔 悔 悔 悔

없을 막

莫 莫 | | | 막

一 十 艹 艹 莒 莒 苩 草 草 莫

미칠 급

及 及 | | | 급

ノ 丿 乃 及

畫 中 之 餅

後 悔 莫 及

멋글씨 쓰기

畫中之餅

멋글씨 쓰기

後悔莫及

多多益善
다 다 익 선

다다익선 : 많으면 많을수록 더욱 좋음

중국 한(漢)나라의 장수 한신이 고조(高祖)와 장수의 역량에 대해 이야기할 때 고조는 10만 정도의 병사를 지휘할 수 있는 그릇이지만, 자신은 병사의 수가 많을수록 잘 지휘할 수 있다고 한 말에서 유래되었다.

많을 다

多 多　　　　다

ノクタタ多多

많을 다

多 多　　　　다

ノクタタ多多

더할 익

益 益　　　　익

ノ八公公公公谷谷谷益益

착할 선

善 善　　　　선

丶丷丷늭뜨半羊羊茟盖盖善善

多 多 益 善

多多益善

多聞博識
다 문 박 식

다문박식 : 보고 들은 것과 아는 것이 많음

많을 다

多 多　　　　다

ノクタタ多多

들을 문

聞 聞　　　　문

丨丨丨冂冂冂門門門門門門門閏閏聞

넓을 박

博 博　　　　박

一十十忄忄忄忄博博博博博

알 식

識 識　　　　식

丶亠亠言言言言言言訒訒諱諳識識識

多 聞 博 識

多聞博識

薄利多賣
박 리 다 매

박리다매 : 이익을 적게 보고 많이 파는 것

萬彙群象
만 휘 군 상

만휘군상 : 우주에 있는 온갖 사물과 현상

적을 박

薄 薄 　 　 박

一十艹芦芦芦芦茫茫苗蒲蒲蒲薄薄

이로울 리

利 利 　 　 리

一二千禾禾利利

많을 다

多 多 　 　 다

ノクタタ多多

팔 매

賣 賣 　 　 매

一十士吉壹壺声声青青賣賣賣

일만 만

萬 萬 　 　 만

一十艹芦芦苎苗苗莒莒萬萬萬

무리 휘

彙 彙 　 　 휘

ノ冖彑彑免免免魯魯彙彙彙彙

무리 군

群 群 　 　 군

フヲヨヨヨ君君君君群群群群

코끼리 상

象 象 　 　 상

ノクク色角角多多多多象象

薄 利 多 賣

萬 彙 群 象

薄利多賣

萬彙群象

7
일
차

좋고 나쁘고/많고 적고

105

雨後竹筍
우 후 죽 순

우후죽순 : '비가 온 뒤에 여기저기 솟는 죽순'이라는 뜻으로, 어떤 일이 한때에 많이 발생함

비 우

雨　雨　　　　　우

一 ㄱ 币 币 雨 雨 雨 雨

뒤 후

後　後　　　　　후

丿 ㄥ 彳 彳 华 件 件 後 後

대 죽

竹　竹　　　　　죽

丿 丿 丬 夶 竹 竹

죽순 순

筍　筍　　　　　순

丿 丿 夶 夶 夶 筍 筍 筍 筍 筍 筍 筍

雨　後　竹　筍

멋글씨 쓰기

雨後竹筍

106

鳥足之血
조 족 지 혈

조족지혈 : '새 발의 피'라는 뜻으로, 매우 적은 분량

새 조

鳥　鳥　　　　　조

丿 亻 冂 白 白 自 鳥 鳥 鳥 鳥 鳥

발 족

足　足　　　　　족

丶 卩 口 早 早 足 足

갈 지 / ~의 지

之　之　　　　　지

丶 ㄴ ㄱ 之

피 혈

血　血　　　　　혈

丿 亻 白 白 血 血

鳥　足　之　血

멋글씨 쓰기

鳥足之血

107

衆寡不敵
중 과 부 적

중과부적 : 적은 수효로 많은 수효를 대적하지 못함

무리 중

衆 衆 　 　 중

丿 亻 白 血 血 血 血 衆 衆 衆 衆 衆

적을 과

寡 寡 　 　 과

丶 宀 宀 宀 宀 宀 宵 宵 宜 宣 宣 寡 寡

아닐 부

不 不 　 　 부

一 フ 不 不

원수 적 / 맞설 적

敵 敵 　 　 적

丶 宀 宀 宀 宀 宵 宵 商 商 商 商 敵 敵 敵

멋글씨 쓰기

衆寡不敵

108

滄海一粟
창 해 일 속

창해일속 : '넓고 큰 바닷속의 좁쌀 한 알'이라는 뜻으로, 아주 많거나 넓은 것 가운데 있는 매우 하찮고 작은 것

큰바다 창

滄 滄 　 　 창

丶 丶 氵 氵 汸 汸 浐 浐 浐 浐 滄 滄 滄

바다 해

海 海 　 　 해

丶 丶 氵 氵 浐 汇 海 海 海 海

한 일

一 一 　 　 일

一

조 속

粟 粟 　 　 속

一 丆 丏 丙 西 西 西 西 覀 栗 粟 粟

멋글씨 쓰기

滄海一粟

공중누각 : '공중에 떠 있는 누각'이라는 뜻으로, 아무런 근거나 토대가 없는 사물이나 생각을 비유함

도로무익 : 헛되이 애만 쓰고 아무런 이로움이 없음

백면서생 : 한갓 글만 읽고 세상일에는 전혀 경험이 없는 사람

사상누각 : '모래 위에 세운 누각'이라는 뜻으로, 기초가 튼튼하지 못하여 오래 견디지 못할 일이나 물건

연목구어 : '나무에 올라가서 물고기를 구한다'는 뜻으로, 도저히 불가능한 일을 굳이 하려 함

탁상공론 : 현실성이 없는 허황된 이론이나 논의

화중지병 : 그림의 떡

후회막급 : 이미 잘못된 뒤에 아무리 후회해도 다시 어찌할 수가 없음

다다익선 : 많으면 많을수록 더욱 좋음

다문박식 : 보고 들은 것과 아는 것이 많음

박리다매 : 이익을 적게 보고 많이 파는 것

만휘군상 : 우주에 있는 온갖 사물과 현상

우후죽순 : '비가 온 뒤에 여기저기 솟는 죽순'이라는 뜻으로, 어떤 일이 한때에 많이 발생함

조족지혈 : '새 발의 피'라는 뜻으로, 매우 적은 분량

중과부적 : 적은 수효로 많은 수효를 대적하지 못함

창해일속 : '넓고 큰 바닷속의 좁쌀 한 알'이라는 뜻으로, 아주 많거나 넓은 것 가운데 있는 매우 하찮고 작은 것

어리석음과
지혜로움

109

刻舟求劍
각 주 구 검

각주구검 : 융통성 없이 현실에 맞지 않는 낡은 생각을 고집하는 어리석음

초나라 사람이 배에서 칼을 물속에 떨어뜨리고 그 위치를 뱃전에 표시했다가 나중에 배가 움직인 것을 생각하지 않고 칼을 찾았다는 데서 유래되었다.

새길 각

` 一 亠 亥 亥 亥 刻 刻

배 주

` 丿 丿 力 角 角 舟

구할 구

一 十 寸 寸 求 求 求

칼 검

丿 亼 亼 亼 亼 合 合 命 命 命 僉 僉 僉 劍 劍

110

膠柱鼓瑟
교 주 고 슬

교주고슬 : '아교풀로 비파나 거문고의 기러기발을 붙여 놓으면 음조를 바꿀 수 없다'는 뜻으로, 고지식하여 조금도 융통성이 없음

아교 교

丿 刀 月 月 肝 肝 胯 胯 胯 胯 膠 膠 膠 膠 膠

기둥 주

一 十 才 木 村 村 柱 柱 柱

북 고

一 十 士 吉 吉 吉 吉 壹 壹 壴 鼓 鼓

큰 거문고 슬

一 二 千 王 王 玨 玨 玨 玨 琴 瑟 瑟 瑟

東問西答
동 문 서 답

동문서답 : 물음과는 전혀 상관없는 엉뚱한 대답

동녘 동

| 東 | 東 | | | 동 |

一 ㄱ 币 百 日 百 車 東 東

물을 문

| 問 | 問 | | | 문 |

丨 冂 冂 冂 冃 門 門 門 問 問 問

서녘 서

| 西 | 西 | | | 서 |

一 ㄱ 冂 冂 西 西

대답할 답

| 答 | 答 | | | 답 |

丿 ㅏ ㅑ 竹 竹 竹 竻 笒 笒 答 答

| 東 | 問 | 西 | 答 |

燈下不明
등 하 불 명

등하불명 : '등잔 밑이 어둡다'는 뜻으로, 가까이에 있는 물건이나 사람을 잘 찾지 못함

등불 등

| 燈 | 燈 | | | 등 |

丶 丷 丬 火 火' 炉 炉 炉 燃 燃 燃 燈 燈
燈

아래 하

| 下 | 下 | | | 하 |

一 丁 下

아닐 불

| 不 | 不 | | | 불 |

一 ㄱ 才 不

밝을 명

| 明 | 明 | | | 명 |

丨 冂 日 日 日 明 明 明

| 燈 | 下 | 不 | 明 |

멋글씨 쓰기

東問西答

멋글씨 쓰기

燈下不明

目不識丁
목 불 식 정

목불식정 : '아주 간단한 丁자를 보고도 그것이 고무래인 줄을 알지 못한다'는 뜻으로, 아주 까막눈임

눈 목

| 目 | 目 | | | 목 |

丨冂冂月目

아닐 불

| 不 | 不 | | | 불 |

一ブォ不

알 식

| 識 | 識 | | | 식 |

丶亠亠言言言言訝訝訝諳諳諳識識識

고무래 정

| 丁 | 丁 | | | 정 |

一丁

| 目 | 不 | 識 | 丁 |

멋글씨 쓰기

目不識丁

守株待兎
수 주 대 토

수주대토 : 한 가지 일에만 얽매여 발전을 모르는 어리석은 사람 중국 송나라의 한 농부가 우연히 나무 그루터기에 토끼가 부딪쳐 죽은 것을 잡은 후, 또 그와 같이 토끼를 잡을까 하여 일도 하지 않고 그루터기만 지키고 있었다는 데서 유래되었다.

지킬 수

| 守 | 守 | | | 수 |

丶宀宀守守

그루 주

| 株 | 株 | | | 주 |

一十十才才杧杧株株株

기다릴 대

| 待 | 待 | | | 대 |

丿彳彳彳彳往往待待

토끼 토

| 兎 | 兎 | | | 토 |

丿台台丙两兎兎

| 守 | 株 | 待 | 兎 |

멋글씨 쓰기

守株待兎

115

自繩自縛
자 승 자 박

자승자박 : '자기의 줄로 자기 몸을 옭아 묶는다'는 뜻으로, 자기가 한 말과 행동에 자기 자신이 묶여서 곤란하게 됨

스스로 자

自 自 ⟨ 자 ⟩

' ⺈ ⺆ 白 自 自

줄 승

繩 繩 ⟨ 승 ⟩

⺈ ⺈ ⺂ ⺂ 糸 糸 糽 糿 紓 紓 紸 絙 絙 繩 繩
繩 繩

스스로 자

自 自 ⟨ 자 ⟩

' ⺈ ⺆ 白 自 自

묶을 박

縛 縛 ⟨ 박 ⟩

⺈ ⺈ ⺂ ⺂ 糸 糸 糽 約 約 縛 縛 縛 縛

自 繩 自 縛

116

朝三暮四
조 삼 모 사

조삼모사 : 간사한 꾀로 남을 속여 희롱함

중국 송나라의 저공(狙公)의 고사로, 먹이를 아침에 3개, 저녁에 4개씩 주겠다는 말에는 원숭이들이 적다고 화를 내더니 아침에 4개, 저녁에 3개씩 주겠다는 말에는 좋아했다는 데서 유래되었다.

아침 조

朝 朝 ⟨ 조 ⟩

一 十 ナ 古 古 吉 車 軟 朝 朝 朝

석 삼

三 三 ⟨ 삼 ⟩

一 二 三

저물 모

暮 暮 ⟨ 모 ⟩

一 十 艹 艹 艹 芇 苗 莒 莫 莫 墓 暮 暮 暮

넉 사

四 四 ⟨ 사 ⟩

丨 冂 四 四 四

朝 三 暮 四

멋글씨 쓰기

自繩自縛

멋글씨 쓰기

朝三暮四

群鷄一鶴
군 계 일 학

군계일학 : '닭의 무리 가운데에서 한 마리의 학'이
란 뜻으로, 많은 사람들 중에서 뛰어난 인물

무리 군

群 群　　　　군

ㄱ ㅋ ㅋ 尹 尹 君 君 君 君 群 群 群 群

닭 계

鷄 鷄　　　　계

鷄鷄鷄鷄鷄

한 일

一 一　　　　일

一

학 학

鶴 鶴　　　　학

鶴鶴鶴鶴鶴

群鷄一鶴

能小能大
능 소 능 대

능소능대 : 모든 일에 골고루 능함

능할 능

能 能　　　　능

能能能

작을 소

小 小　　　　소

小 小

능할 능

能 能　　　　능

能能能

큰 대

大 大　　　　대

一 ナ 大

能小能大

無不通知
무 불 통 지

무불통지 : 무슨 일이든지 환히 통하여 모르는 것
이 없음

不問可知
불 문 가 지

불문가지 : 묻지 않아도 알 수 있음

없을 무

`ノ ┌ 亡 仁 午 缶 缶 缶 無 無 無`

아닐 불

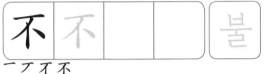

`一  プ 不 不`

통할 통

`マ マ マ 丙 丙 甬 甬 `甬 `甬 通 通`

알 지

`ノ 亡 二 午 矢 矢 知 知`

아닐 불

`一 ア 不 不`

물을 문

`l ロ ロ ロ ロ 門 門 門 門 問 問`

옳을 가

`一 ┌ ┌ ロ 可`

알 지

`ノ 亡 二 午 矢 矢 知 知`

멋글씨 쓰기

멋글씨 쓰기

선견지명 : 어떤 일이 일어나기 전에 미리 앞을 내다보고 아는 지혜

먼저 선

先 先 ⬚ ⬚ 선

丿 丿 牛 生 失 先

볼 견

見 見 ⬚ ⬚ 견

丨 冂 冂 月 目 貝 見

갈 지 / ~의 지

之 之 ⬚ ⬚ 지

丶 亠 ㇀ 之

밝을 명

明 明 ⬚ ⬚ 명

丨 冂 日 日 旫 明 明 明

先 見 之 明

천의무봉 : '천사의 옷은 꿰맨 흔적이 없다'는 뜻으로, 일부러 꾸민 데 없이 자연스럽고 아름다우면서 완전함

하늘 천

天 天 ⬚ ⬚ 천

一 二 干 天

옷 의

衣 衣 ⬚ ⬚ 의

丶 亠 ㇏ 衣 衣

없을 무

無 無 ⬚ ⬚ 무

丿 ㇒ 亡 ㇒ 午 血 無 無 無 無 無

꿰맬 봉

縫 縫 ⬚ ⬚ 봉

㇉ 幺 幺 幺 糸 糸 糸 紏 終 終 終 縫 縫 縫 縫 縫

天 衣 無 縫

멋글씨 쓰기

泰山北斗
태 산 북 두

태산북두 : 태산(泰山)과 북두칠성을 아울러 이르는 말 또는 세상 사람들로부터 존경받는 사람을 빗대어 이르는 말

클 태

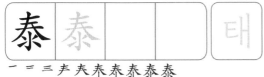

一 二 三 夫 夫 秦 秦 泰 泰 泰

메 산

丨 山 山

북녘 북

丨 丬 丬 北 北

별 이름 두

丶 ㇀ 二 斗 斗

泰 山 北 斗

後生可畏
후 생 가 외

후생가외 : '젊은 후학들을 두려워할 만하다'는 뜻으로, 후배가 선배보다 젊고 기력이 좋아서 학문을 닦아 큰 인물이 될 수 있어 매우 두렵다는 말

뒤 후

丿 ㇒ 彳 彳 彳 彳 狳 狳 後

날 생

丿 ㇒ 二 牛 生

옳을 가

一 丁 可 可 可

두려워할 외

丨 口 日 田 田 甲 甲 畏 畏

後 生 可 畏

멋글씨 쓰기

泰山北斗

멋글씨 쓰기

後生可畏

각주구검 : 융통성 없이 현실에 맞지 않는 낡은 생각을 고집하는 어리석음

교주고슬 : '아교풀로 비파나 거문고의 기러기 발을 붙여 놓으면 음조를 바꿀 수 없다'는 뜻으로, 고지식하여 조금도 융통성이 없음

동문서답 : 물음과는 전혀 상관없는 엉뚱한 대답

등하불명 : '등잔 밑이 어둡다'는 뜻으로, 가까이에 있는 물건이나 사람을 잘 찾지 못함

목불식정 : '아주 간단한 丁자를 보고도 그것이 고무래인 줄을 알지 못한다'는 뜻으로, 아주 까막눈임

수주대토 : 한 가지 일에만 얽매여 발전을 모르는 어리석은 사람

자승자박 : '자기의 줄로 자기 몸을 옭아 묶는다'는 뜻으로, 자기가 한 말과 행동에 자기 자신이 묶여서 곤란하게 됨

조삼모사 : 간사한 꾀로 남을 속여 희롱함

군계일학 : '닭의 무리 가운데에서 한 마리의 학'
이란 뜻으로, 많은 사람들 중에서 뛰어난 인물

능소능대 : 모든 일에 골고루 능함

무불통지 : 무슨 일이든지 환히 통하여 모르는
것이 없음

불문가지 : 묻지 않아도 알 수 있음

선견지명 : 어떤 일이 일어나기 전에 미리 앞
을 내다보고 아는 지혜

천의무봉 : '천사의 옷은 꿰맨 흔적이 없다'는
뜻으로, 일부러 꾸민 데 없이 자연스럽고 아름
다우면서 완전함

태산북두 : 태산(泰山)과 북두칠성을 아울러 이
르는 말 또는 세상 사람들로부터 존경받는 사
람을 빗대어 이르는 말

후생가외 : '젊은 후학들을 두려워할 만하다'는
뜻으로, 후배가 선배보다 젊고 기력이 좋아서
학문을 닦아 큰 인물이 될 수 있어 매우 두렵다
는 말

8
일
차

어리석음과 지혜로움

經國濟世
경 국 제 세

경국제세 : 나라를 잘 다스려서 세상을 구제함

敬天勤民
경 천 근 민

경천근민 : 하늘을 공경하고 백성을 위하여 부지런히 일함

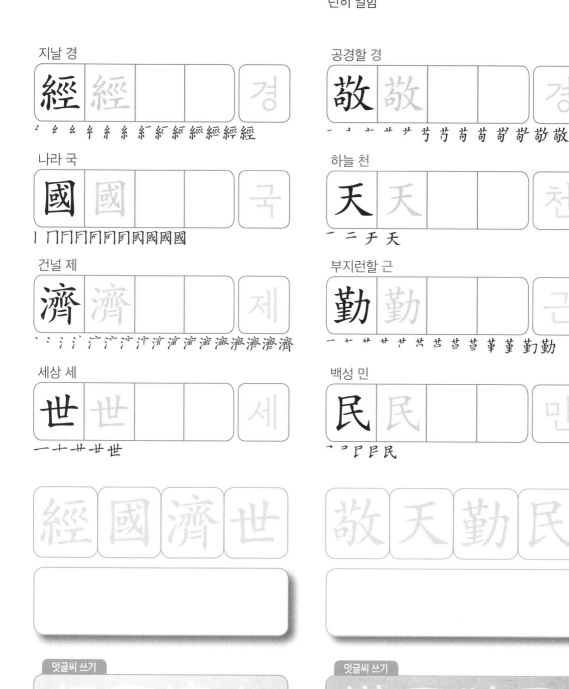

지날 경

經 | 經 | | | 경

나라 국

國 | 國 | | | 국

건널 제

濟 | 濟 | | | 제

세상 세

世 | 世 | | | 세

공경할 경

敬 | 敬 | | | 경

하늘 천

天 | 天 | | | 천

부지런할 근

勤 | 勤 | | | 근

백성 민

民 | 民 | | | 민

經國濟世

敬天勤民

三顧草廬
삼 고 초 려

삼고초려 : 인재를 맞아들이기 위해 참을성 있게 노력함

중국 삼국시대에 촉한의 유비가 난양(南陽)에 은거하고 있던 제갈량의 초옥으로 3번이나 찾아갔다는 데서 유래되었다.

是是非非
시 시 비 비

시시비비 : 여러 가지의 잘잘못

석 삼

一二三

돌아볼 고

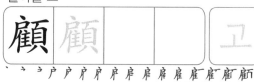

′ ″ ⺨ ⼾ ⼾ ⼾ ⼾ ⼾ 雇 雇 雇 雇 雇 雇 顧 顧 顧 顧 顧 顧

풀 초

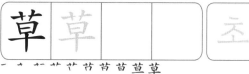

一 ⺍ ⺍ ⺍ 艹 芍 苩 苩 苩 草 草

농막집 려

′ ″ ⼴ ⼴ ⼴ ⼳ ⼳ ⼳ ⼳ 庐 庐 庐 庐 庐 盧 盧 盧

옳을 시 / 이 시

′ ⼞ ⼞ 日 旦 昰 昰 昰 是

옳을 시 / 이 시

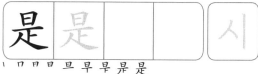

′ ⼞ ⼞ 日 旦 昰 昰 昰 是

아닐 비

丿 ⼅ ⼅ ⼅ ⼅ 非 非 非

아닐 비

丿 ⼅ ⼅ ⼅ ⼅ 非 非 非

멋글씨 쓰기

멋글씨 쓰기

刮目相對
괄 목 상 대

괄목상대 : '눈을 비비고 상대편을 본다'는 뜻으로, 남의 학식이나 재주가 놀랄 만큼 크게 향상됨

깎을 괄

| 刮 | 刮 | | | 괄 |

눈 목

| 目 | 目 | | | 목 |

서로 상

| 相 | 相 | | | 상 |

대답할 대 / 대할 대

| 對 | 對 | | | 대 |

| 刮 | 目 | 相 | 對 |

孟母三遷
맹 모 삼 천

맹모삼천 : 맹자의 어머니가 아들을 가르치기 위해 3번이나 이사했음을 이르는 말

맹자가 어렸을 때 묘지 가까이 살았더니 장사 지내는 흉내를 내기에, 맹자 어머니가 집을 시장 근처로 옮겼더니 물건 파는 흉내를 내므로, 다시 글방이 있는 곳으로 옮겨 공부를 시켰다는 데서 유래되었다.

맏 맹

| 孟 | 孟 | | | 맹 |

어미 모

| 母 | 母 | | | 모 |

석 삼

| 三 | 三 | | | 삼 |

옮길 천

| 遷 | 遷 | | | 천 |

| 孟 | 母 | 三 | 遷 |

멋글씨 쓰기

刮目相對

멋글씨 쓰기

孟母三遷

131

文房四友
문 방 사 우

문방사우 : 서재에 꼭 있어야 할 네 가지 벗으로,
종이, 붓, 먹, 벼루의 네 가지 문방구

글월 문

丶 亠 亣 文

방 방

丶 亠 彐 戶 戶 房 房

넉 사

丨 冂 冂 四 四

벗 우

一 ナ 方 友

132

百年大計
백 년 대 계

백년대계 : 먼 앞날까지 미리 내다보고 세우는 크
고 중요한 계획

일백 백

一 丆 亓 丙 百 百

해 년

丿 亇 𠂉 𠂉 生 年

큰 대
大
一 ナ 大

셀 계 / 꾀 계

丶 二 亖 亖 言 言 言 計

文 房 四 友

百 年 大 計

文 房 四 友

百 年 大 計

멋글씨 쓰기

멋글씨 쓰기

9
일
차

어리석음과 지혜로움

不恥下問
불 치 하 문

불치하문 : 손아랫사람이나 지위나 학식이 자기만 못한 사람에게 모르는 것을 묻는 일을 부끄러워하지 않음

아닐 **불**

| 不 | 不 | | | 불 |

一ブオ不

부끄러울 **치**

| 恥 | 恥 | | | 치 |

一丁下下耳耳耶耶耻恥

아래 **하**

| 下 | 下 | | | 하 |

一丁下

물을 **문**

| 問 | 問 | | | 문 |

丨丨ㄇㄇㄇ門門門門問問

| 不 | 恥 | 下 | 問 |

| | | | |

멋글씨 쓰기
不恥下問

日就月將
일 취 월 장

일취월장 : 매일, 매월 자라거나 발전함

해 **일**

| 日 | 日 | | | 일 |

丨冂日日

이룰 **취**

| 就 | 就 | | | 취 |

丶一亠亠亨亨京京京尌就就

달 **월**

| 月 | 月 | | | 월 |

丿刀月月

장차 **장**

| 將 | 將 | | | 장 |

丨丬丬丬丬丬丬丬丬將將

| 日 | 就 | 月 | 將 |

| | | | |

멋글씨 쓰기
日就月將

135

晝耕夜讀
주 경 야 독

주경야독 : '낮에는 농사짓고 밤에는 글을 읽는다'는 뜻으로, 어려운 여건 속에서도 꿋꿋이 공부함

낮 주
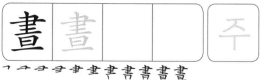
一 コ 크 클 串 書 書 書 書 書 晝

밭 갈 경
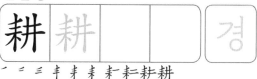
一 = 三 丰 丰 丰 耒 耒 耒 耕 耕

밤 야
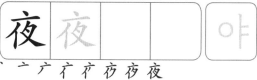
丶 亠 广 广 广 产 夜 夜

읽을 독

丶 亠 亠 言 言 言 訁 訁 訁 讀 讀 讀 讀 讀 讀 讀 讀 讀 讀 讀 讀 讀 讀 讀

136

靑出於藍
청 출 어 람

청출어람 : '쪽에서 뽑아낸 푸른 물감이 쪽보다 더 푸르다'는 뜻으로, 제자나 후배가 스승이나 선배보다 나음

푸를 청
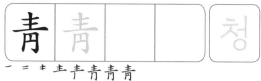
一 二 三 丰 主 丰 靑 靑 靑

날 출

1 屮 屮 出 出

어조사 어

丶 亠 亍 方 方 扵 於 於

쪽 람

一 艹 艹 艹 芷 茈 茈 茈 藍 藍 藍 藍 藍 藍 藍 藍 藍

靑 出 於 藍

靑出於藍

경국제세 : 나라를 잘 다스려서 세상을 구제함

경천근민 : 하늘을 공경하고 백성을 위하여 부지런히 일함

삼고초려 : 인재를 맞아들이기 위해 참을성 있게 노력함

시시비비 : 여러 가지의 잘잘못

괄목상대 : '눈을 비비고 상대편을 본다'는 뜻으로, 남의 학식이나 재주가 놀랄 만큼 부쩍 향상됨

맹모삼천 : 맹자의 어머니가 아들을 가르치기 위해 3번이나 이사했음을 이르는 말

문방사우 : 서재에 꼭 있어야 할 네 가지 벗으로, 종이, 붓, 먹, 벼루의 네 가지 문방구

백년대계 : 먼 앞날까지 미리 내다보고 세우는 크고 중요한 계획

불치하문 : 손아랫사람이나 지위나 학식이 자기만 못한 사람에게 모르는 것을 묻는 일을 부끄러워하지 않음

일취월장 : 매일, 매월 자라거나 발전함

주경야독 : '낮에는 농사짓고 밤에는 글을 읽는다'는 뜻으로, 어려운 여건 속에서도 꿋꿋이 공부함

청출어람 : '쪽에서 뽑아낸 푸른 물감이 쪽보다 더 푸르다'는 뜻으로, 제자나 후배가 스승이나 선배보다 나음

말과 행동

137

街談巷說
가 담 항 설

가담항설 : 거리나 항간에 떠도는 소문

거리 **가**

街	街			가

丿 彡 彳 彳 彳 往 往 往 往 往 街 街

말씀 **담**

談	談			담

丶 亠 亠 亠 言 言 言 言 言 訁 訁 談 談 談 談

거리 **항**

巷	巷			항

一 十 卄 廾 共 共 巷 巷 巷

말씀 **설**

說	說			설

丶 亠 亠 亠 言 言 言 言 訁 訁 訁 訁 說 說

街	談	巷	說

멋글씨 쓰기

街談巷說

138

去頭截尾
거 두 절 미

거두절미 : 머리와 꼬리를 잘라 버림

갈 **거** / 버릴 **거**

去	去			거

一 十 土 去 去

머리 **두**

頭	頭			두

一 丅 丆 百 百 豆 豆 豆 豆 豇 頭 頭 頭 頭 頭 頭

끊을 **절**

截	截			절

一 十 土 土 主 主 主 产 产 产 隹 隹 截 截

꼬리 **미**

尾	尾			미

ㄱ ㅋ 尸 尸 尸 尾 尾

去	頭	截	尾

멋글씨 쓰기

去頭截尾

139

甲論乙駁
갑 론 을 박

갑론을박 : 여러 사람들이 서로 자신의 주장을 내세우며 상대편의 주장을 반박함

갑옷 갑 / 아무개 갑

ㅣ 冂 日 日 甲

논할 론

丶 亠 亠 三 言 言 訡 訡 訡 論 論 論 論 論

새 을 / 아무 을

乙

乙

논박할 박

ㅣ 厂 厂 厍 匡 馬 馬 馬 馬 馬 馬 馬 馬

甲 論 乙 駁

甲論乙駁

멋글씨 쓰기

140

牽強附會
견 강 부 회

견강부회 : 이치에 맞지 않는 말을 억지로 끌어 붙여 자기에게 유리하게 함

끌 견

丶 亠 二 玄 玄 玄 宏 宏 牽 牽 牽

셀 강

フ ㄱ 弓 弓 弖 弭 弭 弭 弾 強 強

붙을 부

ㄱ 阝 阝 阝 阝 阼 附 附

모일 회

ノ 人 人 卆 스 合 命 命 命 命 會 會 會

牽 強 附 會

멋글씨 쓰기

10
일
차

말과 행동

141 單刀直入
단 도 직 입

단도직입 : '혼자서 칼 한 자루를 들고 적진으로 곧
장 쳐들어간다'는 뜻으로, 여러 말을 늘어놓지 않
고 바로 요점이나 본래의 문제를 중심적으로 말함

홑 단

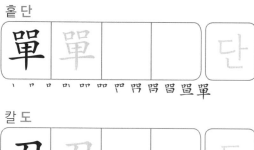

칼 도

곧을 직

들 입

멋글씨 쓰기

單刀直入

142 三人成虎
삼 인 성 호

삼인성호 : '세 사람이 짜면 거리에 범이 나왔다는
거짓말도 꾸밀 수 있다'는 뜻으로, 근거 없는 말이
라도 여러 사람들이 말하면 곧이듣게 됨

석 삼

사람 인

이룰 성

범 호

멋글씨 쓰기

三人成虎

143
說往說來
설 왕 설 래

설왕설래 : 서로 변론을 주고받으며 옥신각신하거
나 말이 오고 감

144
語不成說
어 불 성 설

어불성설 : 말이 조금도 사리에 맞지 않음

말씀 설

`丶 一 二 三 言 言 言 訂 計 許 許 詳 說`

말씀 어
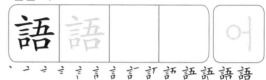
`丶 一 二 三 言 言 言 訂 許 語 語 語 語`

갈 왕

`丿 丿 彳 彳 衤 衤 往 往`

아닐 불

`一 ナ 不 不`

말씀 설

`丶 一 二 三 言 言 言 訂 計 許 許 詳 說`

이룰 성

`丿 厂 厂 成 成 成`

올 래

`一 厂 厂 厂 厸 來 來 來`

말씀 설
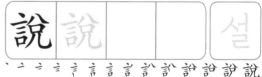
`丶 一 二 三 言 言 言 訂 計 許 許 詳 說`

멋글씨 쓰기

멋글씨 쓰기

145

言中有骨
언 중 유 골

언중유골 : '말 속에 뼈가 있다'는 뜻으로, 예사로운 말 속에 깊은 속뜻이 있음

말씀 언

| 言 | 言 | | | 언 |

`、 二 三 言 言 言`

가운데 중

| 中 | 中 | | | 중 |

`丨 冂 口 中`

있을 유

| 有 | 有 | | | 유 |

`一 ナ 才 有 有 有`

뼈 골

| 骨 | 骨 | | | 골 |

`丨 冂 円 冎 冎 骨 骨 骨 骨 骨`

| 言 | 中 | 有 | 骨 |

146

有口無言
유 구 무 언

유구무언 : '입은 있어도 말은 없다'는 뜻으로, 변명할 말이 없거나 변명을 못함

있을 유

| 有 | 有 | | | 유 |

`一 ナ 才 有 有 有`

입 구

| 口 | 口 | | | 구 |

`丨 冂 口`

없을 무

| 無 | 無 | | | 무 |

`丿 仁 仁 仨 仨 뮤 無 無 無 無 無`

말씀 언

| 言 | 言 | | | 언 |

`、 二 三 言 言 言`

| 有 | 口 | 無 | 言 |

멋글씨 쓰기

言中有骨

멋글씨 쓰기

有口無言

147

流言蜚語
유 언 비 어

유언비어 : 아무 근거 없이 널리 퍼진 소문

흐를 유

流 流 | | | 유

`丶 冫 氵 汁 汁 汸 洿 流`

말씀 언

言 言 | | | 언

`丶 二 言 言 言 言`

바퀴 비

蜚 蜚 | | | 비

`刂 刂 扌 非 非 非 非 非 非 非 蜚 蜚`

말씀 어

語 語 | | | 어

`丶 二 言 言 言 言 訂 訝 評 語 語 語`

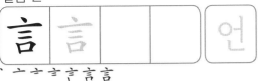

流 言 蜚 語

멋글씨 쓰기

148

異口同聲
이 구 동 성

이구동성 : '입은 다르나 목소리는 같다'는 뜻으로,
여러 사람들의 말이 한결같음

다를 이

異 異 | | | 이

`丨 口 曰 田 田 田 甲 胃 畢 異 異`

입 구

口 口 | | | 구

`丨 口 口`

한가지 동

同 同 | | | 동

`丨 冂 冂 同 同 同`

소리 성

聲 聲 | | | 성

`一 十 土 吉 吉 声 声 声 殸 殸 殸 殸 聲 聲 聲`

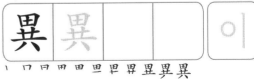

異 口 同 聲

멋글씨 쓰기

異口同聲

衆口難防
중 구 난 방

중구난방 : '수많은 사람들의 말을 막기가 어렵다'는 뜻으로, 막기 어려울 정도로 여럿이 마구 지껄임

무리 중

衆 衆　　　 중

丿 亻 亻 冇 血 血 哟 與 衆 衆 衆

입 구

口 口　　　 구

丨 口 口

어려울 난

難 難　　　 난

一 十 卄 丗 丗 芇 苫 莒 堇 萋 萋 萋 萋 菓 菓 難 難 難 難

막을 방

防 防　　　 방

フ 了 阝 阝 防 防 防

衆 口 難 防

寸鐵殺人
촌 철 살 인

촌철살인 : '한 치의 쇠붙이로도 사람을 죽일 수 있다'는 뜻으로, 간단한 말로도 남을 감동시키거나 남의 약점을 찌를 수 있음

마디 촌

寸 寸　　　 촌

一 寸 寸

쇠 철

鐵 鐵　　　 철

丿 亻 亻 宀 느 乍 车 金 金 金 釒 鉅 鉅 鉅 鐘 鐘 鐘 鐵 鐵 鐵

죽일 살

殺 殺　　　 살

丿 乂 爻 爻 幸 杀 杀 杀 殺 殺 殺

사람 인

人 人　　　 인

丿 人

寸 鐵 殺 人

멋글씨 쓰기

衆口難防

멋글씨 쓰기

寸鐵殺人

針小棒大
침 소 봉 대

침소봉대 : 작은 일을 크게 부풀려서 허풍을 떠는 모습

바늘 침

針 針 　 　 침

丿 𠂊 𠂉 𠂉 𠂉 全 全 金 金 針

작을 소

小 小 　 　 소

亅 小 小

막대 봉

棒 棒 　 　 봉

一 十 才 木 朾 杆 杵 栫 栱 棒 棒 棒

큰 대

大 大 　 　 대

一 ナ 大

針 小 棒 大

橫說竪說
횡 설 수 설

횡설수설 : 조리 없이 말을 이러쿵저러쿵 지껄임

가로 횡

橫 橫 　 　 횡

一 十 才 木 朾 栌 栫 杵 椣 椡 椲 椲 橫 橫 橫

말씀 설

說 說 　 　 설

丶 二 亠 亖 言 言 言 訲 訲 設 設 訙 說

세울 수

竪 竪 　 　 수

一 丁 币 臣 臣 臤 臤 臤 臤 竪 竪

말씀 설

說 說 　 　 설

丶 二 亠 亖 言 言 言 訲 訲 設 設 訙 說

橫 說 竪 說

멋글씨 쓰기

針小棒大

멋글씨 쓰기

橫說竪說

가담항설 : 거리나 항간에 떠도는 소문

거두절미 : 머리와 꼬리를 잘라 버림

갑론을박 : 여러 사람들이 서로 자신의 주장을 내세우며 상대편의 주장을 반박함

견강부회 : 이치에 맞지 않는 말을 억지로 끌어 붙여 자기에게 유리하게 함

단도직입 : '혼자서 칼 한 자루를 들고 적진으로 곧장 쳐들어간다'는 뜻으로, 여러 말을 늘어놓지 않고 바로 요점이나 본래의 문제를 중심적으로 말함

삼인성호 : '세 사람이 짜면 거리에 범이 나왔다는 거짓말도 꾸밀 수 있다'는 뜻으로, 근거 없는 말이라도 여러 사람들이 말하면 곧 이듣게 됨

설왕설래 : 서로 변론을 주고받으며 옥신각신하거나 말이 오고 감

어불성설 : 말이 조금도 사리에 맞지 않음

언중유골 : '말 속에 뼈가 있다는 뜻'으로, 예사로운 말 속에 깊은 속뜻이 있음

유구무언 : '입은 있어도 말은 없다'는 뜻으로, 변명할 말이 없거나 변명을 못함

유언비어 : 아무 근거 없이 널리 퍼진 소문

이구동성 : '입은 다르나 목소리는 같다'는 뜻으로, 여러 사람들의 말이 한결같음

중구난방 : '수많은 사람들의 말을 막기가 어렵다'는 뜻으로, 막기 어려울 정도로 여럿이 마구 지껄임

촌철살인 : '한 치의 쇠붙이로도 사람을 죽일 수 있다'는 뜻으로, 간단한 말로도 남을 감동시키거나 남의 약점을 찌를 수 있음

침소봉대 : 작은 일을 크게 부풀려서 허풍을 떠는 모습

횡설수설 : 조리 없이 말을 이러쿵저러쿵 지껄임

輕擧妄動
경 거 망 동

경거망동 : 경솔하여 생각 없이 망령되게 행동함

口尚乳臭
구 상 유 취

구상유취 : '입에서 아직 젖내가 난다'는 뜻으로, 말이나 행동이 유치함

가벼울 경

輕 輕 　 　 경

` ｒ ｒ ｒ 百 亘 車 車 軒 軒 輕 輕 輕 輕

들 거

擧 擧 　 　 거

` ｒ ｒ ｒ 手 手 舁 舁 胂 舁 與 與 與 擧 擧

망령될 망

妄 妄 　 　 망

` 亠 亡 亡 妄 妄

움직일 동

動 動 　 　 동

` ｒ ｒ 盲 盲 盲 盲 重 重 動 動

입 구

口 口 　 　 구

丨 冂 口

아직 상

尚 尚 　 　 상

丨 丨 小 小 沙 尚 尚 尚

젖 유

乳 乳 　 　 유

` ｒ ｒ ｒ 쫙 쭈 乳

냄새 취

臭 臭 　 　 취

` ｒ 冂 白 白 自 自 臭 臭 臭

輕 擧 妄 動

口 尚 乳 臭

155

氣高萬丈
기 고 만 장

기고만장 : 펄펄 뛸 만큼 매우 화가 남

기운 **기**

氣	氣			기

丿 𠂉 𠂉 气 气 气 気 氣 氣 氣

높을 **고**

高	高			고

丶 亠 亠 亠 亠 亠 高 高 高 高

일만 **만**

萬	萬			만

一 十 艹 艹 艹 芇 苩 苩 苩 萬 萬 萬 萬

길이 **장**

丈	丈			장

一 ナ 丈

氣高萬丈

멋글씨 쓰기

氣高萬丈

156

東奔西走
동 분 서 주

동분서주 : '동쪽으로 뛰고 서쪽으로 뛴다'는 뜻으로, 사방으로 이리저리 몹시 바쁘게 돌아다님

동녘 **동**

東	東			동

一 丆 冂 戸 百 申 東 東

달릴 **분**

奔	奔			분

一 ナ 大 大 夲 夲 奔 奔

서녘 **서**

西	西			서

一 丆 冂 丙 丙 西

달릴 **주**

走	走			주

一 十 土 キ 卡 走 走

東奔西走

멋글씨 쓰기

東奔西走

11일차 말과 행동

杜門不出
두 문 불 출

두문불출 : 집에만 있고 바깥 출입을 하지 않음

莫無可奈
막 무 가 내

막무가내 : 달리 어찌할 수 없음

막을 두

杜　杜　　　　두

一 十 才 木 木 杜 杜

없을 막

莫　莫　　　　막

一 十 艹 芍 芍 苩 苩 苩 莫 莫

문 문

門　門　　　　문

丨 冂 冂 冂 門 門 門 門

없을 무

無　無　　　　무

丿 亻 亇 仁 仨 無 無 無 無 無 無

아닐 불

不　不　　　　불

一 丆 才 不

옳을 가

可　可　　　　가

一 丆 冂 口 可

날 출

出　出　　　　출

丨 屮 屮 出 出

어찌 내

奈　奈　　　　내

一 ナ 大 太 夳 夳 奈 奈

杜 門 不 出

莫 無 可 奈

杜門不出

莫無可奈

無不干涉
무 불 간 섭

무불간섭 : 함부로 참견하고 간섭하지 않는 일이 없음

無爲徒食
무 위 도 식

무위도식 : 하는 일 없이 놀고먹음

없을 무

無 無 　 　 무

丿 ㇏ 二 仁 仨 笙 無 無 無 無 無

아닐 불

不 不 　 　 불

一 丆 不 不

방패 간

干 干 　 　 간

一 二 干

건널 섭

涉 涉 　 　 섭

丶 氵 氵 汁 汁 沙 沙 涉 涉 涉

없을 무

無 無 　 　 무

丿 ㇏ 二 仁 仨 笙 無 無 無 無 無

할 위

爲 爲 　 　 위

丿 ㇒ ㇒ ㇒ 广 产 严 爲 爲 爲 爲 爲

무리 도

徒 徒 　 　 도

丿 ㇒ 彳 彳 往 彺 徉 徒 徒 徒

밥 식 / 먹을 식

食 食 　 　 식

丿 人 亽 今 今 今 食 食 食

無 不 干 涉

無 爲 徒 食

멋글씨 쓰기

멋글씨 쓰기

夫唱婦隨
부 창 부 수

부창부수 : 남편이 주장하고 아내가 이것을 잘 따름 또는 부부 사이의 그런 도리

不問曲直
불 문 곡 직

불문곡직 : 옳고 그름을 따지지 않음

지아비 부

| 夫 | 夫 | | | 부 |

一 二 ナ 夫

부를 창

| 唱 | 唱 | | | 창 |

丨 丨 口 叩 叩 叩 唱 唱 唱 唱

지어미 부

| 婦 | 婦 | | | 부 |

く 夕 女 女 女 女 女 婦 婦 婦

따를 수

| 隨 | 隨 | | | 수 |

乛 阝 阝 阝 阝 阝 阝 阝 隋 隋 隋 隋 隨 隨

아닐 불

| 不 | 不 | | | 불 |

一 丁 オ 不

물을 문

| 問 | 問 | | | 문 |

丨 丨 丨 丬 門 門 門 門 問 問 問

굽을 곡

| 曲 | 曲 | | | 곡 |

丨 冂 曰 由 曲 曲

곧을 직 / 바를 직

| 直 | 直 | | | 직 |

一 十 十 市 古 肯 直 直

| 夫 | 唱 | 婦 | 隨 |

| 不 | 問 | 曲 | 直 |

死生決斷
사 생 결 단

사생결단 : 죽고 사는 것을 돌보지 않고 끝장을 내려고 함

袖手傍觀
수 수 방 관

수수방관 : '팔짱을 끼고 보고만 있다'는 뜻으로, 간섭하거나 거들지 않고 그대로 버려둠

죽을 사

死 死 　 　 사

一 ア 歹 歹 死 死

소매 수

袖 袖 　 　 수

丶 ブ 衤 衤 衤 衤 衵 衵 袖 袖

날 생

生 生 　 　 생

丿 ㅑ ㅗ 生 生

손 수

手 手 　 　 수

一 二 三 手

결단할 결

決 決 　 　 결

丶 冫 氵 氵 決 決

곁 방

傍 傍 　 　 방

丿 亻 亻 伫 伫 伫 俦 俦 俦 傍 傍

끊을 단

斷 斷 　 　 단

볼 관

觀 觀 　 　 관

死 生 決 斷

袖 手 傍 觀

멋글씨 쓰기

死生決斷

멋글씨 쓰기

袖手傍觀

始終一貫
시 종 일 관

시종일관 : 일 등을 처음부터 끝까지 한결같이 함

我田引水
아 전 인 수

아전인수 : '자기 논에 물 대기'라는 뜻으로, 자기에게만 이롭게 생각하거나 행동함

처음 시

始 始 　 　 시

ㄱ ㄱ 女 妁 妁 始 始 始

나 아

我 我 　 　 아

ノ 二 チ 手 扎 我 我

마칠 종

終 終 　 　 종

ㄱ ㄅ ㅎ ㅎ ㅎ 糸 紗 終 終 終

밭 전

田 田 　 　 전

丨 冂 日 用 田

한 일

一 一 　 　 일

一

끌 인

引 引 　 　 인

ㄱ ㄱ 弓 引

꿸 관

貫 貫 　 　 관

ㄴ ㅁ ㅁ 毌 毌 毌 貫 貫 貫 貫 貫

물 수

水 水 　 　 수

丨 刁 水 水

始 終 一 貫

我 田 引 水

始終一貫

我田引水

167

眼下無人
안 하 무 인

안하무인 : '눈 아래에 사람이 없다'는 뜻으로, 방자하고 교만하여 다른 사람을 업신여김

눈 안

| 眼 | 眼 | | | 안 |

丨 刀 刀 月 目 目 則 則 明 眼 眼 眼

아래 하

| 下 | 下 | | | 하 |

一 丁 下

없을 무

| 無 | 無 | | | 무 |

丿 亻 二 仁 无 午 毎 無 無 無 無

사람 인

| 人 | 人 | | | 인 |

丿 人

| 眼 | 下 | 無 | 人 |

168

搖之不動
요 지 부 동

요지부동 : 흔들어도 꼼짝하지 않음

흔들 요

| 搖 | 搖 | | | 요 |

一 扌 扌 扩 扩 护 护 护 挱 搖 搖 搖

갈 지

| 之 | 之 | | | 지 |

丶 亠 ウ 之

아닐 부

| 不 | 不 | | | 부 |

一 フ 才 不

움직일 동

| 動 | 動 | | | 동 |

一 二 千 斤 斤 盲 重 重 動 動

| 搖 | 之 | 不 | 動 |

11
일
차

말과 행동

169

優柔不斷
우 유 부 단

170

隱忍自重
은 인 자 중

우유부단 : 어물어물 망설이기만 하고 결단력이
없음

은인자중 : 마음속에 감추어 참고 견디면서 몸가
짐을 신중하게 행동함

넉넉할 우

ノイイイ伊伊伊侸侸侸侸優優優優

숨을 은

フ了了了陷陷陷陷陷陷陷陷隱隱隱隱隱隱

부드러울 유

フマネ予矛矛柔柔

참을 인

フ刀刃刄忍忍忍

아닐 부

一アオ不

스스로 자

ノイイ百百自

끊을 단

亠幺幺幺幺絲絲絲絲絲斷斷斷
斷斷

무거울 중

一二千千后后官重重

멋글씨 쓰기

멋글씨 쓰기

171

自强不息
자 강 불 식

자강불식 : 스스로 힘써 몸과 마음을 가다듬어 쉬지 않음

스스로 자

ノイ白白自自

힘쓸 강

フヲヲヲヲ弱弱弱弱强强

아닐 불

一ァァ不

쉴 식

ノイ白白自自息息息

멋글씨 쓰기

172

厚顔無恥
후 안 무 치

후안무치 : 뻔뻔스러워 부끄러움이 없음

두터울 후

一厂厂厄屏屏厚厚厚

낯 안

` 一 立 立 产 产 彦 彦 彦 彦 彦 颜 颜 颜 颜 颜 颜

없을 무

ノ ト 片 午 午 無 無 無 無 無 無 無

부끄러울 치

一 一 丁 Ᵽ Ᵽ 耳 耳 耻 耻 恥

厚顔無恥

멋글씨 쓰기

厚顔無恥

경거망동 : 경솔하여 생각 없이 망령되게 행동함

기고만장 : 펄펄 뛸 만큼 매우 화가 남

동분서주 : '동쪽으로 뛰고 서쪽으로 뛴다'는 뜻으로, 사방으로 이리저리 몹시 바쁘게 돌아다님

두문불출 : 집에만 있고 바깥 출입을 하지 않음

막무가내 : 달리 어찌할 수 없음

무위도식 : 하는 일 없이 놀고먹음

부창부수 : 남편이 주장하고 아내가 이것을 잘 따름 또는 부부 사이의 그런 도리

사생결단 : 죽고 사는 것을 돌보지 않고 끝장을 내려고 함

수수방관 : '팔짱을 끼고 보고만 있다'는 뜻으로, 간섭하거나 거들지 않고 그대로 버려둠

시종일관 : 일 등을 처음부터 끝까지 한결같이 함

아전인수 : '자기 논에 물 대기'라는 뜻으로, 자기에게만 이롭게 생각하거나 행동함

안하무인 : '눈 아래에 사람이 없다'는 뜻으로, 방자하고 교만하여 다른 사람을 업신여김

요지부동 : 흔들어도 꼼짝하지 않음

우유부단 : 어물어물 망설이기만 하고 결단력이 없음

은인자중 : 마음속에 감추어 참고 견디면서 몸가짐을 신중하게 행동함

후안무치 : 뻔뻔스러워 부끄러움이 없음

여섯째
마당

숫자, 속담,
위기 상황

九死一生
구 사 일 생

구사일생 : '아홉 번 죽을 뻔하다 한 번 살아난다'는
뜻으로, 죽을 고비를 여러 차례 넘기고 겨우 살아남

百年偕老
백 년 해 로

백년해로 : 부부가 되어 한평생 사이좋게 지내고
즐겁게 함께 늙음

아홉 구

九　九　　　　구

ノ九

일백 백

百　百　　　　백

一　丁　丆　百　百　百

죽을 사

死　死　　　　사

一　丆　歹　歹　死　死

해 년

年　年　　　　년

ノ　亇　뜨　뜨　놔　年

한 일

一　一　　　　일

一

함께 해

偕　偕　　　　해

ノ　イ　仁　化　伫　侳　傤　偕　偕　偕

날 생

生　生　　　　생

ノ　亇　仁　牛　生

늙을 로

老　老　　　　로

一　十　土　耂　耂　老

九死一生

百年偕老

175

百發百中
백 발 백 중

백발백중 : '백 번 쏘아 백 번 맞힌다'는 뜻으로, 총
이나 활 등을 쏠 때마다 겨눈 곳에 다 맞음

일백 백

百 | 百 | | | 백

一 丆 ㄅ 百 百 百

필 발 / 쏠 발

發 | 發 | | | 발

ㄱ ㄱ ㄤ ㄕ 癶 癶 發 發 發 發 發

일백 백

百 | 百 | | | 백

一 丆 ㄅ 百 百 百

가운데 중

中 | 中 | | | 중

ㅣ ㅁ ㅁ 中

멋글씨 쓰기

176

非一非再
비 일 비 재

비일비재 : 같은 현상이나 일이 한두 번이 아니고
그 이상 자주 발생함

아닐 비

非 | 非 | | | 비

ノ ㅣ ㅓ ㅓ 非 非 非 非

한 일

一 | 一 | | | 일

一

아닐 비

非 | 非 | | | 비

ノ ㅣ ㅓ ㅓ 非 非 非 非

두 재

再 | 再 | | | 재

一 � 万 冉 再 再

멋글씨 쓰기

非一非再

177

三尺童子
삼 척 동 자

삼척동자 : '키가 석 자 정도밖에 안 되는 어린아이'라는 뜻으로, 철없는 어린아이를 말함

석 **삼**

三	三			삼

一 二 三

자 **척**

尺	尺			척

ㄱ ㅋ 尸 尺

아이 **동**

童	童			동

丶 亠 亠 立 立 产 音 音 音 音 章 童

아들 **자**

子	子			자

乛 了 子

三尺童子

멋글씨 쓰기

三尺童子

178

十匙一飯
십 시 일 반

십시일반 : '밥 열 술이 한 그릇이 된다'는 뜻으로, 여러 사람들이 조금씩 힘을 합하면 한 사람을 돕기 쉬움

열 **십**

十	十			십

一 十

숟가락 **시**

匙	匙			시

丨 口 日 日 旦 早 早 是 是 是 匙

한 **일**

一	一			일

一

밥 **반**

飯	飯			반

丿 人 𠆢 今 今 今 今 食 食 食 飣 飯 飯

十匙一飯

멋글씨 쓰기

十匙一飯

十常八九
십 상 팔 구

십상팔구 : 열에 여덟이나 아홉 정도로 거의 예외가 없다는 말

兩者擇一
양 자 택 일

양자택일 : 둘 중에서 하나를 고름

열 십

| 十 | 十 | | | 십 |

一 十

떳떳할 상 / 항상 상

| 常 | 常 | | | 상 |

丨 丷 丷 丳 斗 冴 堂 常 常 常

여덟 팔

| 八 | 八 | | | 팔 |

丿 八

아홉 구

| 九 | 九 | | | 구 |

丿 九

두 양

| 兩 | 兩 | | | 양 |

一 冂 冂 币 币 币 兩 兩

놈 자 / 것 자

| 者 | 者 | | | 자 |

一 十 土 耂 耂 孝 者 者 者

가릴 택

| 擇 | 擇 | | | 택 |

一 十 扌 扌 扩 扨 押 押 押 押 擇 擇 擇 擇 擇

하나 일

| 一 | 一 | | | 일 |

一

| 十 | 常 | 八 | 九 |

| 兩 | 者 | 擇 | 一 |

멋글씨 쓰기

十常八九

멋글씨 쓰기

兩者擇一

唯一無二
유 일 무 이

유일무이 : 오직 하나뿐이고 둘도 없음

二律背反
이 율 배 반

이율배반 : 서로 모순되어 양립할 수 없는 두 가지 명제

오직 유

| 唯 | 唯 | | | 유 |

`丨 冂 口 叭 吖 吖 咋 咋 唯 唯`

한 일

| 一 | 一 | | | 일 |

`一`

없을 무

| 無 | 無 | | | 무 |

`丿 仁 仁 仁 血 無 無 無 無 無 無`

두 이

| 二 | 二 | | | 이 |

`一 二`

두 이

| 二 | 二 | | | 이 |

`一 二`

법칙 율

| 律 | 律 | | | 율 |

`丿 彳 彳 彳 彳 律 律 律 律`

등 배

| 背 | 背 | | | 배 |

`丨 丬 爿 北 北 背 背 背 背`

돌이킬 반

| 反 | 反 | | | 반 |

`一 厂 厉 反`

| 唯 | 一 | 無 | 二 |

| 二 | 律 | 背 | 反 |

唯一無二

二律背反

一擧兩得
일 거 양 득

일거양득 : 한 가지 일을 하여 두 가지 이익을 얻음

한 일

一

들 거

擧

두 양

兩

얻을 득

得

一網打盡
일 망 타 진

일망타진 : '한 번 그물을 쳐서 고기를 다 잡는다'는 뜻으로, 어떤 무리를 한꺼번에 모조리 다 잡음

한 일

一

그물 망

網

칠 타

打

다할 진

盡

숫자/속담/위기 상황

12
일
차

구사일생 : '아홉 번 죽을 뻔하다 한 번 살아난다'는 뜻으로, 죽을 고비를 여러 차례 넘기고 겨우 살아남

백년해로 : 부부가 되어 한평생 사이좋게 지내고 즐겁게 함께 늙음

백발백중 : '백 번 쏘아 백 번 맞힌다'는 뜻으로, 총이나 활 등을 쏠 때마다 겨눈 곳에다 맞음

비일비재 : 같은 현상이나 일이 한두 번이 아니고 그 이상 자주 발생함

삼척동자 : '키가 석 자 정도밖에 안 되는 어린아이'라는 뜻으로, 철없는 어린아이를 말함

십시일반 : '밥 열 술이 한 그릇이 된다'는 뜻으로, 여러 사람들이 조금씩 힘을 합하면 한 사람을 돕기 쉬움

십상팔구 : 열에 여덟이나 아홉 정도로 거의 예외가 없다는 말

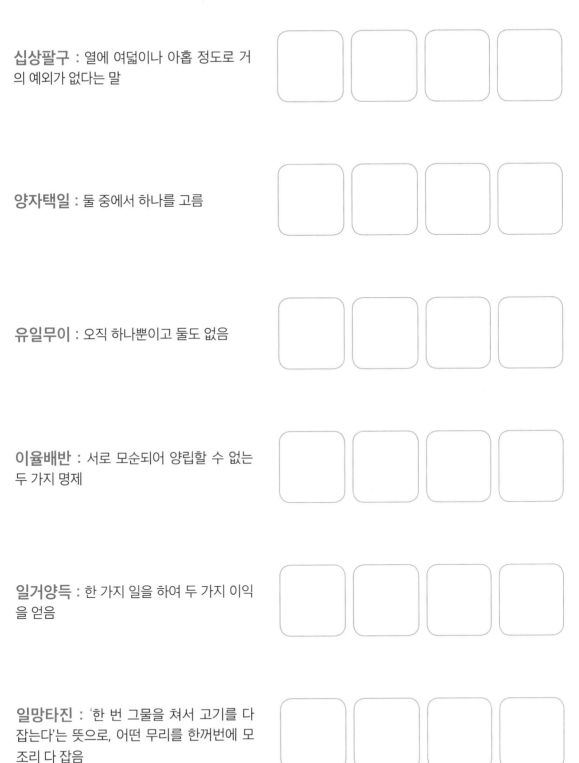

양자택일 : 둘 중에서 하나를 고름

유일무이 : 오직 하나뿐이고 둘도 없음

이율배반 : 서로 모순되어 양립할 수 없는 두 가지 명제

일거양득 : 한 가지 일을 하여 두 가지 이익을 얻음

일망타진 : '한 번 그물을 쳐서 고기를 다 잡는다'는 뜻으로, 어떤 무리를 한꺼번에 모조리 다 잡음

185

堂狗風月
당 구 풍 월

당구풍월 : '서당에서 기르는 개가 풍월을 읊는다'는 뜻으로, 그 분야에 경험과 지식이 전혀 없어도 오래 있으면 어느 정도의 경험과 지식을 가짐

집 당

堂　堂　　　　　당

`丶 丷 ⺍ ⺍ 严 严 常 常 堂 堂`

개 구

狗　狗　　　　　구

`ノ 犭 犭 犭 狗 狗 狗 狗`

바람 풍

風　風　　　　　풍

`ノ 几 凡 凡 凤 凬 風 風 風`

달 월

月　月　　　　　월

`ノ 月 月 月`

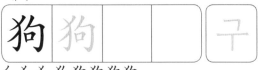

堂 狗 風 月

멋글씨 쓰기

堂狗風月

186

凍足放尿
동 족 방 뇨

동족방뇨 : '언 발에 오줌 누기'라는 뜻으로, 잠시 동안만 효력이 있다가 바로 사라짐

얼 동

凍　凍　　　　　동

`丶 冫 冫 冱 冱 冱 涑 凍 凍 凍`

발 족

足　足　　　　　족

`丨 口 口 口 尸 尸 足`

놓을 방

放　放　　　　　방

`丶 ⺄ 方 方 方 扩 放 放`

오줌 뇨

尿　尿　　　　　뇨

`フ ヲ 尸 尸 屌 尿 尿`

凍 足 放 尿

멋글씨 쓰기

凍足放尿

登高自卑
등 고 자 비

등고자비 : '높은 곳에 오르려면 낮은 곳에서부터 오른다'는 뜻으로, 일을 순서대로 해야 함

오를 등

ㄱ ㄱ ㄲ ㄲ 癶 癶 癶 癶 癶 登 登

높을 고

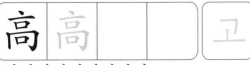

ㆍ 亠 亠 亠 高 高 高 高 高

스스로 자 / ~부터 자

ㆍ ㇒ 仃 自 自 自

낮을 비

ㆍ ㇒ 仃 白 白 卑 卑 卑

結者解之
결 자 해 지

결자해지 : '맺은 사람이 풀어야 한다'는 뜻으로, 일을 저지른 사람이 그 일을 해결해야 함

맺을 결

ㄴ ㄴ 幺 幺 糸 糸 紅 紆 結 結 結

놈 자

一 十 土 耂 耂 者 者 者 者

풀 해

ㆍ ㇒ ㇒ 刀 角 角 角 角 解 解 解 解 解

갈 지 / 그 지

ㆍ 亠 ㇈ 之

멋글씨 쓰기

멋글씨 쓰기

189

吾鼻三尺
오 비 삼 척

오비삼척 : '내 코가 석 자'라는 뜻으로, 자기 사정이 급하여 남을 돌볼 겨를이 없음

나 오

| 吾 | 吾 | | | 오 |

一 丆 五 五 吾 吾 吾

코 비

| 鼻 | 鼻 | | | 비 |

' 亻 宀 白 白 白 鼻 鼻 鼻 畠 畠 鼻 鼻

석 삼

| 三 | 三 | | | 삼 |

一 二 三

자 척

| 尺 | 尺 | | | 척 |

フ コ 尸 尺

| 吾 | 鼻 | 三 | 尺 |

190

烏飛梨落
오 비 이 락

오비이락 : '까마귀 날자 배 떨어진다'는 뜻으로, 아무 관계도 없이 한 일이 공교롭게도 때가 같아 억울하게 의심을 받거나 난처한 상황이 됨

까마귀 오

| 烏 | 烏 | | | 오 |

' 亻 宀 户 白 烏 烏 烏 烏 烏

날 비

| 飛 | 飛 | | | 비 |

乀 乀 飞 飞 飞 飛 飛 飛 飛

배 이

| 梨 | 梨 | | | 이 |

' 二 千 矛 禾 利 利 利 梨 梨

떨어질 락

| 落 | 落 | | | 락 |

一 十 卄 艾 茨 茨 芝 芝 芝 茨 落 落

| 烏 | 飛 | 梨 | 落 |

멋글씨 쓰기

멋글씨 쓰기

191

因果應報
인 과 응 보

인과응보 : 전생에 지은 선악에 따라 현재의 행복과 불행이 있고, 현세에서 짓는 선악의 결과에 따라 내세에서 행복과 불행이 있음

인할 인

丨 冂 冂 円 因 因

열매 과

丨 冂 曰 旦 甲 果 果

응할 응

丶 亠 广 广 广 庐 庐 庐 庐 庐 雁 雁 雁 應 應 應

갚을 보

一 十 土 幸 幸 幸 幸 幸 報 報 報

因 果 應 報

멋글씨 쓰기

因果應報

192

井底之蛙
정 저 지 와

정저지와 : '우물 안 개구리'라는 뜻으로, 소견이 몹시 좁은 사람

우물 정

一 二 井 井

밑 저

丶 亠 广 广 庐 庐 底 底

갈 지 / ~의 지

丶 亠 丅 之

개구리 와

丨 冂 口 口 虫 虫 虫 虫 虫 蛙 蛙 蛙

井 底 之 蛙

멋글씨 쓰기

井底之蛙

숫자 / 속담 / 위기 상황

13
일
차

193

内憂外患
내 우 외 환

내우외환 : 나라 안팎에 있는 여러 가지 어려움

안 내

| 内 | 内 | | | 내 |

丨 冂 内 内

근심할 우

| 憂 | 憂 | | | 우 |

一 ㄒ ㅜ 厅 丙 页 百 直 真 憲 憲 憂 夢 憂

밖 외

| 外 | 外 | | | 외 |

丿 ㄅ タ 外 外

근심 환

| 患 | 患 | | | 환 |

丨 冂 口 吕 吕 串 串 患 患 患

194

百尺竿頭
백 척 간 두

백척간두 : '백 자나 되는 높은 장대 위에 올라섰다'
는 뜻으로, 몹시 어렵고 위태로운 지경

일백 백

| 百 | 百 | | | 백 |

一 ㄒ ㄤ 石 百 百

자 척

| 尺 | 尺 | | | 척 |

フ ㄱ ㄹ 尺

장대 간

| 竿 | 竿 | | | 간 |

丿 ㅏ ㅑ 竻 竹 竿 竿 竿 竿

머리 두

| 頭 | 頭 | | | 두 |

一 ㄷ ㄷ 戸 豆 豆 豆 豆 頭 頭 頭 頭 頭 頭 頭 頭

195

雪上加霜
설 상 가 상

설상가상 : '눈 위에 서리가 덮인다'는 뜻으로, 난처한 일이나 불행한 일이 계속 일어남

눈 설

| 雪 | 雪 | | | 설 |

一 一 一 一 一 雨 雨 雪 雪 雪

위 상

| 上 | 上 | | | 상 |

丨 上 上

더할 가

| 加 | 加 | | | 가 |

フ カ カ 加 加

서리 상

| 霜 | 霜 | | | 상 |

一 一 一 一 一 雨 雨 雨 雨 霜 霜 霜 霜 霜

196

五里霧中
오 리 무 중

오리무중 : '오 리나 되는 짙은 안개 속에 있다'는 뜻으로, 무슨 일에 대하여 방향이나 갈피를 잡을 수 없음

다섯 오

| 五 | 五 | | | 오 |

一 丁 五 五

마을 리 / 거리 리

| 里 | 里 | | | 리 |

丨 口 曰 曰 旦 里 里

안개 무

| 霧 | 霧 | | | 무 |

一 一 一 一 一 雨 雨 雨 雨 雨 雨 雪 雪 霧 霧 霧 霧 霧

가운데 중

| 中 | 中 | | | 중 |

丨 口 口 中

一觸卽發
일 촉 즉 발

일촉즉발 : 한 번 건드리기만 해도 폭발할 것처럼 몹시 위급한 상태

한 일

一　一　　　　일

一

닿을 촉

觸　觸　　　　촉

'　⺈　⺈　⺈　角　角　角　角　角ˊ角ˊ角ˊ角ˊ觸觸觸
觸觸觸

곧 즉

卽　卽　　　　즉

'　⺈　户　白　自　自　皀　皀　卽

쏠 발 / 필 발

發　發　　　　발

⺈　⺈　⺈　⺈　癶　癶　癶　癶发ˊ癹ˊ癹ˊ發

一觸卽發

進退兩難
진 퇴 양 난

진퇴양난 : 이러지도 저러지도 못하는 어려운 처지

나아갈 진

進　進　　　　진

'　⺈　⺈　仁　乍　乍　佯　佳　隹ˊ隹ˊ進進

물러날 퇴

退　退　　　　퇴

⺈　⺈　⺈　尸　尸　艮　艮ˋ艮ˋ退退

두 양

兩　兩　　　　양

⺈　⺈　门　币　币　两　兩　兩

어려울 난

難　難　　　　난

一　卄　廾　廾　昔　昔　昔　昔　堇　堇　堇ˊ堇ˊ難ˊ難ˋ難難
難難

進退兩難

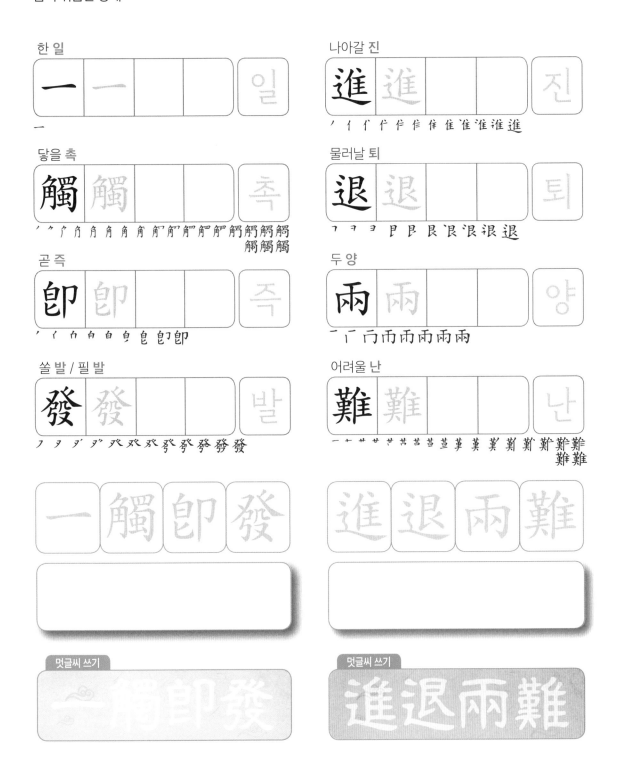

멋글씨 쓰기

一觸卽發

멋글씨 쓰기

進退兩難

束手無策
속 수 무 책

속수무책 : 손을 묶은 것처럼 어찌할 도리가 없어 꼼짝 못 함

風前燈火
풍 전 등 화

풍전등화 : '바람 앞의 등불'이라는 뜻으로, 사물이 매우 위태로운 처지에 놓여 있음

묶을 속

一 ㄱ ㄇ ㅁ 市 束 束

바람 풍

丿 几 凡 凡 凤 凤 風 風 風

손 수

一 ニ 三 手

앞 전

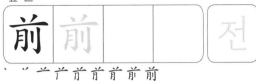

丶 丷 广 广 方 肖 肖 前 前

없을 무

丿 ㅗ ㄴ ㄴ 纩 纩 無 無 無 無 無 無

등 등

丶 丷 火 火' 炒 炒 炒 炒 炒 燈 燈 燈 燈 燈 燈 燈

꾀 책

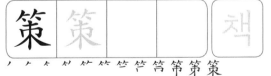

丿 ㅏ ㅏ ㅏ 竺 竺 竺 竺 筲 策 策 策

불 화

丶 丶 火 火

멋글씨 쓰기

멋글씨 쓰기

당구풍월 : '서당에서 기르는 개가 풍월을 읊는다'는 뜻으로, 그 분야에 경험과 지식이 전혀 없어도 오래 있으면 어느 정도의 경험과 지식을 가짐

동족방뇨 : '언 발에 오줌 누기'라는 뜻으로, 잠시 동안만 효력이 있다가 바로 사라짐

등고자비 : '높은 곳에 오르려면 낮은 곳에서부터 오른다'는 뜻으로, 일을 순서대로 해야 함

결자해지 : '맺은 사람이 풀어야 한다'는 뜻으로, 일을 저지른 사람이 그 일을 해결 해야 함

오비삼척 : '내 코가 석 자'라는 뜻으로, 자기 사정이 급하여 남을 돌볼 겨를이 없음

오비이락 : '까마귀 날자 배 떨어진다'는 뜻으로, 아무 관계도 없이 한 일이 공교롭게도 때가 같아 억울하게 의심을 받거나 난처한 상황이 됨

인과응보 : 전생에 지은 선악에 따라 현재의 행복과 불행이 있고, 현세에서 짓는 선악의 결과에 따라 내세에서 행복과 불행이 있음

정저지와 : '우물 안 개구리'라는 뜻으로, 소견이 몹시 좁은 사람

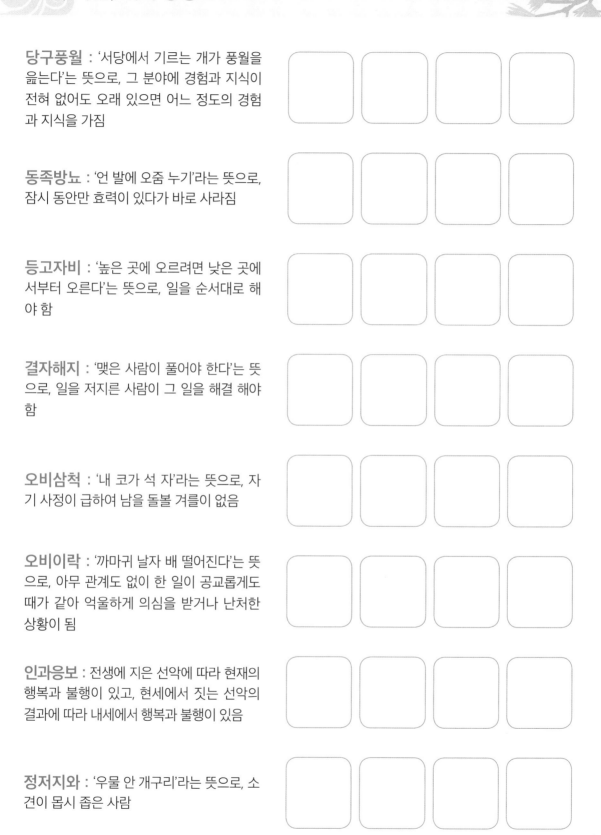

내우외환 : 나라 안팎에 있는 여러 가지 어려움

백척간두 : '백 자나 되는 높은 장대 위에 올라섰다'는 뜻으로, 몹시 어렵고 위태로운 지경

설상가상 : '눈 위에 서리가 덮인다'는 뜻으로, 난처한 일이나 불행한 일이 계속 일어남

오리무중 : '오 리나 되는 짙은 안개 속에 있다'는 뜻으로, 무슨 일에 대하여 방향이나 갈피를 잡을 수 없음

일촉즉발 : 한 번 건드리기만 해도 폭발할 것처럼 몹시 위급한 상태

진퇴양난 : 이러지도 저러지도 못하는 어려운 처지

속수무책 : 손을 묶은 것처럼 어찌할 도리가 없어 꼼짝 못 함

풍전등화 : '바람 앞의 등불'이라는 뜻으로, 사물이 매우 위태로운 처지에 놓여 있음

초등학생을 위한 바른 손글씨 시리즈

초등학생을 위한
바른 손글씨 한국사 330

편집부 │ 8,500원 │ 112쪽

초등학생을 위한
바른 손글씨 사회 330

편집부 │ 8,500원 │ 104쪽

초등학생을 위한
바른 손글씨 과학 330

편집부 │ 8,500원 │ 96쪽

무한도전 퍼즐 시리즈

무한도전 낱말퍼즐 한국사

편집부 │ 8,000원 │ 124쪽

무한도전 낱말퍼즐 과학

편집부 │ 8,000원 │ 126쪽

무한도전 한자퍼즐

편집부 │ 8,000원 │ 126쪽

손글씨 시리즈

편집부 지음
8,500원
136쪽

윤동주, 김소월, 정지용, 김영랑, 한용운, 이육사 등 40편의 아름다운 시를 필사하면서 시인의 감성까지 함께 느낄 수 있는 시간을 가질 수 있습니다.
나만의 개성 있는 손글씨도 개발하고, 아름다운 시도 감상할 수 있는 시간을 만나 보세요!

편집부 지음
6,000원
112쪽

손글씨 연습과 함께 평소에 자주 쓰지 않은 아름다운 '순우리말'을 함께 연습할 수 있도록 '우리말 쓰기'를 접목했습니다. 정갈하고 단정한 '정자체'와 멋스런 '흘림체' 연습을 통해 개성 있는 자신만의 글씨를 만들어 보고, '순우리말 쓰기' 연습으로 부족한 우리말 실력을 한층 높여 주세요.

취미 실용 도서

Dream Love, Coloring Studio
사랑을 꿈꾸는 컬러링 공작소

김정희 | 12,000원 | 120쪽

우리에게 준비 없이 찾아오는 선물 같은 '사랑'을 동화 속 '사랑나라'와 현실 속 연인의 '만남'과 '사랑'을 그림으로 표현했습니다. 집에 있는 색연필로 색칠해 보세요!

나도 한 번쯤
다른 그림 찾기

편집부 | 7,000원 | 80쪽

TV, 컴퓨터보다 매력 있는 책!
재미있는 그림들과 시간 보내기!
나의 스트레스는 잠시 내려놓자!

도서출판 큰그림에서는 역량 있는 저자분들의 원고 투고를 기다리고 있습니다.
big_picture_41@naver.com